교육자를 위한

초등학교와 진로교육

교육자를 위한

초등학교와 진로교육

안이환 지음

서현사

머리말

초등학생의 진로교육에 관심을 둔 것은 교육대학에 재직하면서 계속되었지만 저자는 나름대로 한국의 초등학생을 대상으로 진로교육을 할 수 있을까 언제나 고민하였다. 사회적 분위기나 교육적 환경도 진로교육을 할 만큼 따라 주지 않는다고 마음속으로 불편한 심기를 감추고 있었기 때문이다.

진로교육은 우리나라의 문제가 아니라 이제 세계적인 교육추세다. 연구년 동안 초등학교 진로교육에 대한 외국의 서적을 찾고 대학원 수업에서 현장의 선생님과 다양한 생각을 교환하였다. 그렇지만 초등학생을 대상으로 진로교육을 계획한다는 것이 정말 쉬운 일이 아닌 것 같다는 생각을 계속하였다. 이러한 가운데 2009 개정 교육과정이 만들어지면서 진로교육이 강화되었다. 창의적 체험활동에서 진로교육은 그 영역이 대폭 확대되었고 자율활동, 동아리활동, 봉사활동, 진로활동 중의 한 영역으로 자리를 차지하게 되면서 체계적인 진로교육의 기반이 조성되었다. 이러한 시대적 변화를 맞으면서 교육자로서 내 자신을 위하여 진로교육을 위한 걸개라도 준비해야겠다는 생각을 하게 되었다. 교재를 어렴풋하게 만들고 나니 독자들의 비난이 나의 귓가를 스친다. 그러므로 이 책은 저자가 반성하기 위하여 쓴 책이다.

이 책은 총 6개의 장으로 이루어져 있으며 초등학교 현직교사, 학부모, 그리고 초등학교와 관련하여 교육을 담당하고 있는 사람들이 모두 읽을 수 있도록 하였다. 그렇지만 핵심은 초등학교와 관련된 진로교육이다. 1장에서는 진로교육의 역사적인 흐름을, 2장에서는 진로와 관련된 이론을 서술하였는데 특히 발달과 관련된 진로이론을 중시하였다. 3장은

머리말

초등학교에서 진로교육을 어떻게 할 것이며 무엇을 교육해야 할 것인지를 서술하였다. 4장에서는 초등학교에 알맞은 진로상담의 방법으로 가계도를 이용한 진로상담의 방법을 제시하였다. 5장은 외국의 진로교육에 대한 평가를 통하여 우리의 상황을 비교하고 평가하기 위하여 서술하였다. 마지막으로 6장은 교육자들이 초등학생을 상대로 진로교육을 할 경우 교육자에게 필요한 요소가 무엇인지를 찾아내기 위하여 서술하였다. 따라서 이 장은 교육자를 위한 것으로 이 내용은 계속적인 검토를 통하여 확장할 것이다.

이 책의 집필과정에 참여해준 대학원 선생님께 감사와 사과를 동시에 드린다. 그리고 독자들의 아낌없는 질정을 수용할 것이다. 무엇보다 이 책의 출간을 흔쾌히 승낙해 주신 서현사의 도움에 깊이 감사드린다. 서현사의 격려와 기다림이 없었다면 이 책의 출간은 불가능했을 것이다.

현장의 교사, 학부모, 초등교육과 관련된 많은 분들의 아낌없는 비판을 기대한다. 그래서 이 책이 거듭나기를 소망한다. 초등학교 진로교육에 관한 많은 논의들이 넘칠 때 초등학생들에 대한 교육방식이 바뀔 수 있고 이때 우리는 인간다운, 그리고 삶을 위한 교육을 받고 있다는 행복감을 느끼게 될 것이다. 이런 의미에서 진로교육은 행복교육인 것 같다.

2013년 부산교대 상담실에서

저자 안이환

차례

차례

제1장

진로지도와 상담의 발달과정

인간은 누구나 일을 하면서 살아가고 또 일을 통해 삶의 의미와 만족감을 추구하고자 하며 일을 통해 국가와 사회의 발전에도 이바지하게 된다. 일의 진정한 의미, 진로선택의 주체로서의 자기인식 등을 통해 끊임없이 자기 자신과 일의 관계를 정립해 보려는 자세가 필요하다. 또한 시대의 변화에 따라 수많은 신종 직업들이 생겨나고 또 일부 직업들이 사라지는 직업 세계의 급격한 변화에 따라 체계적인 진로지도 및 진로상담의 필요성이 절실하다고 할 수 있다. 이 장에서는 크게 미국과 한국을 중심으로 진로지도와 진로상담이 어떻게 발달해 나가는지를 살펴보기로 한다.

1 직업지도

일반적으로 직업지도의 역사는 매우 오래되었지만 대체로 1800년대 후반 미국에서 시작된 직업지도를 그 효시로 본다. 1870년대부터 1900년대 초까지 미국의 사회적 상황은 급속한 산업화로 인해 농촌에서 도시로 많은 사람들이 이동하였으며, 동·서 해안으로의 이민이 증가하는 양상을 띠고 있었다. 이러한 영향으로 당시 미국 사회는 이주자들을 효과적으로 직업에 배치하고 그들의 자녀들에게 적절한 교육을 제공하는 일이 시급한 당면 과제였다. 아울러 성인세계의 현실과 학교교육간의 괴리를 줄이고 근로자들의 불필요한 이직을 막고 직업에 대한 불만을 완화시킬 수 있는 방법이 필요하였다. 이러한 사회적 요청에도 불구하고 당시 미국에는 아직 직업지도에 대한 과학적 기초도 없었고 개인차를 이해하기 위한 적성검사 등도 초보적인 수준에 머물고 있었다. 단지 소수의 자선단체, 사회복지관, YMCA, 사설 직업안내소 등이 있었으나 이 곳에서 이루어지는 직업지도는 취업자의 특성은 고려하지 않은 채 단순히 직장을 구해 주는 수준에 그치고 있었다.

Parsons는 미국 직업지도의 창시자로서 19세기 말 사회복지관 활동에 관여하고 보스턴에 직업안내소를 설립하는 등 활발한 직업지도 활동을 펴고 있었다. 그는 학교에서 실패한 학생들과 적절한 직업적 기술을 배우지 못한 청소년들을 대상으로 직업기술교육을 실시하여 취업을 지도하였다. 특히 Parsons는 사후 발간된 저서 《직업선택(1909)》에서 단순히 사냥하듯 직업을 선택하기보다는 천직을 선택하는 것이 바람직하다고 주장하였다. 당시 보스턴의 공립학교들이 교양을 위주로 한 서적중심의 교육을 실시하는데 대해 노골적으로 비판하면서 과학적인 검사와 다양한 경험을 통해 학생들의 적성을 파악하고 이에 근거하여 학생들이 다양한 직업에 대해 충분한 행동력을 가질 수 있도록 훈련시켜야 한다고 주장하였다.

Parsons(1909)는 발달과정도의 3단계를 제시하였다. 1단계는 자기이해, 즉 자기 자신, 적성, 능력, 흥미, 자원, 제한점, 기타 다른 자질 등에 대해 명확히 이해하는 것이다. 2단계는 직업에 대한 이해, 즉 성공을 위한 조건, 직업의 장·단점, 급여, 취업기회 등을 이해하는 것이다. 마지막으로 3단계는 위의 둘 간의 관계에 대해 진정한 추론을 하는 것이다. 이러한 Parsons의 생각은 개인의 능력이나 적성을 면밀히 고려하지 않고 마구잡이식으로 직업을 선택했던 과거의 방식에 비해 매우 발전된 것이라 할 수 있다. 과거에는 개인차를 확인하고 직무만족도나 성공과의 관계를 예측하는 심리측정에 초점을 두는 1단계와 직업정보의 획득과 사용에 대한 2단계에 한정되어 있었다. 그러나 최근 들어 3단계, 즉 직업선택을 하나의 의사결정과정으로 보려는 연구가 활발히 이루어지게 되었다.

1910년 보스턴에는 직업지도에 대한 최초의 전국규모 학회가 설립되었다. 당시 하버드대학의 총장이었던 Elliott를 포함한 몇몇 학자들은 학생들을 위한 직업지도의 중요성을 주장하였다. 그들은 연구소를 설립하여 보스턴 지역에 있는 중·고등학교의 직업지도에 대해 체계적인 연구를 수행하고 실제 학교현장에 도움을 줄 수 있는 직업지도 프로그램을 개발하기 시작하였다. 이를 계기로 1912년 뉴욕에도 이와 유사한 연구소가 설립되었고, 1913년에는 미시간주 Grand Rapids에 전국직업지도학회(NVGA : National Vocational Guidance Association)가 설립되기에 이르렀다. 이 기관은 이후 전국진로발달학회(NCDA : National Career Development Association)로 명칭을 바꾸어 지금까지도 진로지도 활동에 선도적인 역할을 수행하고 있다. 훗날, Herr(1992)는 이 시기의 직업지도의 주된 경향을 다음과 같이 3가지로 요약하였다. 첫째, 당시 직업지도는 개인에 대한 연구보다는 오히려 직업에 대한 연구를 강조하였다. 둘째, 실제 직업지도자보다 직업교육자들의 영향이 더 강력하였다. 셋째, 당시의 직업지도는 주로 직업에 사람들을 분배하고 배치시키는데 치중하였다.

1920년대 이후 직업지도에 영향을 준 몇 가지 일들이 일어났다. 먼저 직업지도에 대한 심리학적 접근으로 직업선택이나 직무적응에 영향을 미치는 개인 성격의 역동성과 개인차에 대한 인식이 확산되어 갔다. 그리고 Dewey와 같은 진보주의자들의 영향으로 미국에서 아동중심 교육이 실시되면서 기술의 획득보다는 아동의 정신건강에 초점을 둠으로써 개인에 대한 발달적 견해가 확산되었다. 마지막으로, 객관적인 정보를 단순히 제공해 주던 당시의 지시적인 직업지도에 반대하며 그 대안으로 심리치료적 입장을 취할 것을 주장하는 견해가 제기되었다. 이러한 3가지의 영향으로 직업지도는 과거의 고정적이고 진단중심적인 방식에서 탈피하여 보다 융통성 있고 발달적인 새로운 면모를 갖추기 시작하였다.

1930년대 미국은 경제 대공황을 맞이하여 직업훈련의 필요성을 절감하게 되었다. 노동부에서는 직업사전(DOT : Dictionary of Occupation Titles)을 발간하였다. 또한 미네소타대학의 연구소를 중심으로 직업적 능력을 측정하는 다양한 심리검사들이 개발되기 시작하였다. 이어 2차 세계대전이 발발하자 대량의 군인들을 선발하고 분류하기 위해 여러 가지 심리측정방법이 이용되었다. 당시 학자들은 시장 수요의 원칙에 따라 직업지도를 개인-직업, 개인-교육과정을 연결시키는 하나의 과정으로 보았다. 이런 이유로 직업에 대한 개인의 능력과 적성의 중요성이 강조되었다.

2 진로모델

1900년대부터 1950년까지 직업지도는 개인이 받은 검사점수를 통하여 직업선택이나 직업적 성공여부를 예언해 주는 정도였다. 그러나 1950년대에 접어들면서 이러한 견해는 도전을 받게 되었다. 특히 Super(1951)는 직업지도의 개념을 확장하여 일의 세계에서 자신과 자신의 역할에 대한 적절하고 통합된 모습을 수용하고 아울러 자신과 사회에 대한 현실적인 인식을 통해 직무만족감을 획득할 수 있도록 조력하는 일련의 과정으로 개념화하였다. 이렇게 직업지도에 대한 재정의가 시도된 1951년을 기점으로 직업지도와 관련된 여러 문헌에서 직업모델(occupational models)이라는 용어가 진로모델(career models)로 전환되기 시작하였다. 즉, 진로의 개념을 단순히 직업선택과 직업선택 이후의 활동에 국한된 것으로 보지 않고 직업 이외의 여러 가지 활동들도 모두 포함하는 생애발달적 측면에서 이해하게 되었다. 따라서 진로모델은 진로선택시 요구되는 지식, 태도, 기술을 학생뿐 아니라 성인에게도 체계적으로 가르칠 것을 강조하였다. 아울러 진로모델에서는 과거의 직업모델에서 중요시하였던 직업에 대한 이해뿐만 아니라 자기이해의 중요성도 강조하였다. 이와 같이 직업지도에서 진로지도의 전환에 공헌한 사람으로 Rogers를 들 수 있다. 그는 《상담과 심리치료(1942)》에서 기존의 지시적 상담이 내담자를 고려하지 않고 검사를 통한 예측과 정보만을 중시하고 있다고 지적하였다. 그는 상담을 지속적인 과정으로 파악하고 내담자 중심의 상담으로의 변화를 주장하였다. 따라서 그의 관점을 수용한다면 직업지도는 단순히 개인과 직업을 연결시키는 과정이 아니라 개인이 자신을 스스로 이해하고 올바른 자아개념을 형성하도록 도와주는 지속적인 과정인 것이다. Rogers의 이러한 생각은 일회적이고 고정적인 직업지도에서 발달적이고 역동적인 진로지도모델의 견인차 역할을 하였다고 볼 수 있다.

1960년대 초에 접어들면서 직업지도의 주 관심사는 학생들의 의사결정 과정에 있었다. Tyler(1961)는 내담자가 분명한 자아정체감을 가지고 의사결정을 할 수 있도록 도와주어야 한다고 주장하였으며, Moore(1961)는 중등학교 학생들의 진로의사결정에 대한 중요성을 강조하였다. 또한 직업선택 및 진로계획은 전체적인 생애계획의 중요한 한 부분으로 해석되어야 한다고 하였다. 이와 같은 견해들은 발달이론가들이 주장하는 진로에 대한 발달적이고 장기적인 관점과 일치하며, 이런 관점은 학생들을 대상으로 하는 학교뿐만 아니라 성인들을 대상으로 하는 취업상담(employment counseling)에도 많은 영향을 주었다.

3 진로지도

1960년대 후반부터 진로지도라는 용어가 빈번히 사용되기 시작하였다. 진로지도는 일과 여가를 조화롭게 통합시키려는 욕구를 반영한 생활양식이며 개인의 진로의식의 전체적인 발달을 도모하는 것이라고 정의할 수 있다. 이와 같이 직업지도에서 진로지도로 패러다임이 전환되면서 진로지도의 개념은 더욱 확장되었다. 진로지도에서 최근 다루어지는 주요 주제들로는 의사결정능력의 개발, 생활양식 · 가치 · 여가에 대한 관심의 증대, 개인차나 자아개념에 대한 관심의 증대, 자유로운 진로선택, 최근의 급격한 사회적 변화에 대처하는 능력 등이 있다. 이러한 개념들은 1980년대에 접어들면서 진로지도의 주요 목표로 자리잡게 되었다. 이처럼 진로지도는 시간의 흐름에 따라 새로운 개념이나 기법들을 첨가하여 보다 역동적이고 포괄적인 의미를 가지게 되었다. 지금까지 서술된 내용을 연도별로 구분하여 그 때의 사건과 내용을 중심으로 도표로 나타내면 〈표 1-1〉과 같다.

〈표 1-1〉 **진로지도의 발달 과정**

연도	사건 및 내용
1915년	• 피츠버그 카네기전문대학에서 Bingham에 의해 응용심리학과가 개설되어 개인의 직업선택, 직무수행, 판매기술 등 직업지도에 대한 연구가 이루어짐.
1917년	• WW I 이 군인분류검사에 사용됨.
1920년대	• 심리학의 공식적인 기관(Minnesota Mechanical Abilities Project)이 설립됨. • Strong의 흥미검사가 개발됨(1927).
1930년대	• Kuder의 흥미검사 개발이 진행됨. • GATB와 DOT가 개발됨.
1931년	• 미네소타 고용안정연구소가 설립되어 적성검사, 직업능력검사, 인터뷰방법 등이 시행됨.
1939년	• 미국 내 18000개의 직업이 수록된 직업사전(DOT)이 처음 출간됨.
1940년대	• WW II 가 분류방법을 개선함. • 여성이 직업 세계에 새로운 강력한 힘으로 등장함.
1942년	• Rogers의 《상담과 심리치료(Counseling and Psychotherapy)》의 출간(비지시적 상담의 출현)으로 진로모형의 기초가 마련됨.
1945년	• 제대 군인들이 직업의 세계에 다시 등장하게 됨.
1950년대	• Super, Ginzberg, Roe, Holland 등의 이론이 공식적으로 발표됨.
1951년	• 진로모형의 출현. • Super는 진로유형에 관한 연구를 통해 발달적 맥락에서 진로행동을 연구함.
1960년대	• 여성운동으로 인해 일에 있어서 남녀동등권을 주장함.
1970년대	• 1971년 Marland의 진로교육이 등장함. • SVIB가 SC II 로 수정됨. • SDS가 개발됨.
1980년대	• 새로운 이론들과 지도법들이 많이 등장함.

4 진로교육

진로교육이라는 용어는 최초로 미국의 교육국장이었던 Allen에 의해 언급되었으나 이후 미국 교육부 위원이었던 Marland(1971)가 전국 중등학교 교장회의에서 진로교육의 중요성을 역설하면서 본격적으로 사용되었다. 그 당시 진로교육의 필요성은 다음과 같다.

① 진로교육은 교양교육보다 더 강조되어야 한다.
② 고등학교의 진로교육은 학생이 진학이나 취업을 할 수 있도록 도와주어야 한다.
③ 다양한 전달체제를 통하여 일에 대한 교육을 실시하여야 한다.
④ 진로선택의 기회는 모든 사람들에게 개방되어야 한다.

그러나 당시 미국 사회는 여러 가지 문제점을 안고 있었다. 우선, 많은 학생들이 특정 직업을 가지는데 필요한 기술, 자기이해, 진로결정 수단, 일에 대한 태도를 기르지 못한 채 학교를 졸업하였다. 아울러 미국교육이 대학을 진학하려는 학생들을 중심으로 이루어져 있었기 때문에 대학에 진학하지 않는 학생들의 교육적 욕구는 충족시켜 주지 못하는 문제점도 있었다. 또한 학교정책의 수립에 있어서 학부모 · 기업 · 지역사회 대표자들의 참여 기회가 불충분하였으며, 여성이나 장애자와 같은 특수한 집단에서 요구하는 교육적 욕구를 충족시킬 수 있는 프로그램이 거의 없었다. 따라서 이러한 사회적 요청에 따라 진로교육은 1970년대 연방정부의 우선 과제가 될 수밖에 없었다. 결국 진로교육은 일 지향적 사회가치에 친숙하도록 하여 이러한 가치를 개인의 가치체계 속에 통합시킴으로써 일을 통해 의미와 만족감을 누릴 수 있도록 하는 공교육이라고 할 수 있다.

5 진로교육 모형

Marland가 진로교육의 중요성을 역설한 이래, 그가 제시한 개념을 진로교육 모형에 적용하고자 하는 노력이 계속되었다. 이러한 모형들은 학교나 기관들의 성격에 맞게 각기 다른 기본가정, 목표, 대상을 가지고 고안되었다. 대표적인 모형으로는 학교중심 진로교육모형, 고용주중심 진로교육모형, 가정과 지역사회중심 진로교육모형, 농촌과 주거지중심 진로교육모형 등을 들 수 있다.

첫째, 학교중심 진로교육모형(school-based career education model)은 유치원에서 고등학교까지의 교육과정에 진로교육에 관한 주제를 도입하는 것이다. 이후 이 모형은 그 대상을 확대하여 대학원까지 확대되었다. 이 모형의 성공에 결정적인 영향을 미친 요인으로는 지역사회와 산업체의 적극적인 참여, 협동교육, 중등학교 졸업생들의 진학이나 취업을 위한 올바른 배치 등을 들 수 있다. 이 모형의 목표는 직업적 자아개념의 향상, 일 · 학교 · 사회에 대한 긍정적인 태도의 배양, 자기존중 · 인내 · 솔선성과 같은 개인적 특성의 함양, 일과 교육간의 관계에 대한 현실적인 이해, 개인에게 적합한 직업을 가지거나 상급학교에 진학할 수 있는 능력의 배양 등을 들 수 있다. 학교중심 진로교육모형은 이제껏 학생들에게 체계적으로 제공되지 않았던 직업에 대한 생각, 경험, 기술 등을 교육시킴으로써 교육체제의 방향을 재정립하기 위해 설계된 것이다.

둘째, 고용주(모형)중심 모형(employer based/experience-based model)은 현재의 교육환경에 잘 적응하지 못해 다른 대안들을 모색하고 있는 13~18세 청소년들의 개별적인 학습욕구를 충족시키기 위해 고안되었다. 학교중심모형이 공식적인 교육체제의 방향을 재정립하려고 한 반면, 고용주중심 모형은 공식적인 교육체제에 잘 적응하지 못하는 일부 학생들에게 여러 가지 다양한 방법으로 기초학업기술, 자기이해, 진로인식, 진로준비 등에 필요한 기술을 학습하도록 도와주어야 한다는 생각에 기초하고 있다. 따라서 학생들은 지역 사회에 있는 은행, 회사, 공장, 병원, 교도소, 관청과 같은 정부기관, 사회단체, 기업체 등에서 성인들이 수행하는 일을 직접 경험하며 학점도 취득할 수 있다. 이 모형의 본질은 개별과

제, 개별학습, 협동교육 등 다양한 방법을 통해 각 학생들이 개별적인 직업경험을 갖도록 하는 것이다. 따라서 이 모형은 학생과 지역사회를 적극적으로 중재해주고 각 학생들을 위한 개별화된 학습프로그램을 조직하도록 도와주는 기능을 한다.

셋째, 가정과 지역사회중심 모형(home/community-based model)은 직장인 및 가사에 종사하는 성인들을 대상으로 한다. 이 모형은 성인을 대상으로 하여 가정과 지역사회에 적절한 진로교육 프로그램을 제공하며 개인이 자신의 직업적 역할이나 생애 역할을 잘 수행할 수 있도록 도와주고자 한다. 뿐만 아니라 근로자들이 좀더 적합한 직업적 자질을 갖추도록 조력하며 생활의 장으로서의 가정의 질을 향상시키는 것을 그 목표로 한다. 이 모형은 대중매체, 기관, 개인상담, 지역사회의 여러 가지 자원들을 체계적으로 통합하여 학교를 졸업한 성인들에게 고용가능성과 진로선택의 기회를 증진시키기 위한 것이다. 이 모형은 기술이나 태도를 직접 가르치려고 하지 않는다는 점에서 다른 모형과 차이가 있다. 또한 이 모형은 개인이 자신의 진로 관심사를 검토하고, 자신의 욕구를 지역사회에서 충족시킬 수 있는 방법을 모색하도록 도와주는 정보센터의 역할을 수행한다.

넷째, 농촌 및 주거지중심 모형(the rural/residential-based model)은 원래 빈곤한 농촌의 가족구성원전체를 대상으로 한다. 이 모형은 프로그램을 통하여 사회경제적 여건을 향상시킬 수 있다는 생각에 기초하고 있다. 따라서 이 모형은 가정의 가장에게만 직업훈련을 시키는 것이 아니라 전체 가족을 대상으로 하기 때문에 유아교육, 초 · 중등교육, 직업기술교육, 부모교육, 의료봉사, 복리후생, 상담 등이 모두 포함된다. 이 모형의 목표는 가족구성원에게 그 지역에 적합한 취업기술을 제공하며 지역의 경제발전에 이바지하고 가정생활을 향상시키는 것이다. 따라서 이 모형은 취업기술이 필요하나 혜택을 받지 못하는 농촌가정 및 농촌에 거주하는 사람들을 대상으로 해당 지역의 경제적 발전을 도모하고 그들의 생활수준을 향상시키는데 목적을 두고 있다.

최근에는 다문화아동을 대상으로 한 진로교육의 모형이 연구되고 있으며 기존의 장애아동에 대한 진로모형과 함께 다양한 측면에서의 진로모형으로 확장될 필요가 있다.

6 진로교육의 변화

1970년대 이후 진로교육에 많은 변화가 일어났다. 1974년 이후 진로교육에 대한 관심이 고조되면서 학교중심 모형보다는 지역사회 중심의 진로교육모형으로 초점이 이동되었다. 따라서 진로교육은 직업을 준비시키기 보다는 청소년과 성인들을 돕기 위한 지역사회의 노력의 일환으로 인식되기 시작하였다. 진로교육을 통해 변화하는 사회에 잘 적응할 수 있는 기술, 예를 들면 독해력, 의사소통 능력, 수리력과 같은 기초 학습기술, 생산적인 직무습관, 직업가치관의 형성, 경제체제에 대한 이해, 진로의사 결정기술, 자기이해 및 직업과 교육적 기회에 대한 이해 등을 획득하도록 도와주고자 하였다.

진로교육의 개념은 시간의 흐름에 따라 계속적으로 변화되고 있다. 이러한 변화의 주체는 연방정부와 주정부의 후원을 받는 다양한 정책적 프로그램에 의해 가시화되었다. 1987년 전국 진로교육지도자 협의회(National Career Education Leader's Communication Network)에서 정의한 진로교육의 목표를 통해 최근의 진로교육의 포괄적인 개념을 알 수 있다.

① 개인의 영역과 교육과의 밀접한 관계를 촉진한다.
② 개인으로 하여금 일반적인 취업가능성, 적응력, 승진 기술을 갖추도록 한다.
③ 개인이 스스로 진로인식, 진로탐색, 진로의사결정을 하도록 돕는다.
④ 학교 수업을 통해 진로를 강조하여 교육적인 변화를 도모한다.
⑤ 직업을 전체적인 생활양식의 중요한 한 부분으로 인식하게 한다.
⑥ 교육과 직업의 관계를 인식시켜 더 나은 교육과 직업을 선택할 수 있도록 도와준다.
⑦ 편견과 고정관념에서 탈피하여 자유로운 진로선택을 하도록 도와준다.

7 진로상담

일반적으로 직업(vocation), 진로(career), 지도(guidance), 상담(counseling)이라는 용어가 서로 혼용되어 왔다. 이런 용어들이 분명하게 구분되는 것은 아니지만 다소 간의 개념적 차이를 가지고 있다. 지도는 주로 학교와 밀접한 관련이 있다. 반면, 상담은 지도에 따라 설정된 목표들을 수행하는 기능을 하기도 한다.

진로 관련 영역이 점차 학교 안에서 학교 밖으로 초점이 이동하였기 때문에 현재 진로상담이라는 용어는 진로지도라는 용어보다 더 보편적으로 사용되고 있다. 진로행동에 대한 연구가 활발해지면서 일생을 통해 일어나는 진로선택과 적응에 미치는 여러 가지 영향과 심리적인 특성의 역동성을 인식하게 되었다. 따라서 진로상담은 단순히 정보를 제공하고 검토하는 수준을 넘어서 치료적인 성질을 갖는 방향으로 나아가고 있다. Crites(1981)에 의하면, 일반적인 사람들에게는 심리치료보다 진로상담이 더 필요하며 경우에 따라 진로상담이 치료적 기능까지도 수행할 수 있다고 주장하였다. 따라서 일반적인 심리치료에는 반드시 진로상담이 뒤따라야 하며, 때로는 진로상담이 심리치료보다 더 효과적일 수도 있으며 실제로 심리치료보다 더 어려운 경우도 있다고 하였다.

미국의 전국진로발달학회(NCDA)에서는 진로상담을 직업에 있어서 개인이 직면하는 문제나 갈등뿐만 아니라 직업, 진로, 진로의 역할과 책임, 진로결정, 진로계획, 여가계획, 진로변경, 기타 진로개발 활동에 대해 상담하는 것으로 정의하였다. 이처럼 진로상담에 대한 다양한 견해가 있지만 결국 진로상담의 주요 관심은 개인의 직업, 학업, 여가, 성격적 문제, 기타 인생문제 등이며, 개인의 진로발달을 도모하여 자신의 잠재력을 계발시킴으로써 스스로에 대한 만족감을 주고 사회에 이익이 되도록 조력해 주는 과정이 곧 진로상담이라고 할 수 있다. 1980년대부터 미래에 대한 다양한 전망들이 나오기 시작하였다. 많은 미래 학자들은 일반적으로 미래의 사회를 정보화 사회, 실질 중심의 사회, 다양성이 공존하는 사회, 영역 혼란의 사회, 불확실성의 사회, 지식사회, 거대국가 사회 등으로 명명한 바 있다. 이러한 현상들은 과학기술의 발달, 컴퓨터 테크놀로지의 발달, 인터넷에 의한 정보의 세계화, 경제의 국제화, 지방 분권주의, 범국제주의 등으로 이미 현실화되고 있다. 이러한 급속한 사회의 변화는 곧 경제체계의 변화와 직업세계의 변화로 이어져서 모든 사람을 혼란스럽고 불안하게 만든다. 이러한 상황일수록 제한된 정보에의 노출, 잘못된 직업정보의 제공, 직업부적응 등으로 많은 사람들이 진로 관련 문제들을 겪게 되기 때문에 앞으로 진로상담의 필요성은 점차 증가할 것으로 예상된다.

8 우리나라의 진로발달

1) 사회문화적 관점

우리나라의 진로지도 및 진로상담은 생활지도 운동의 맥락에서 발달하였다. 1950년대 현재의 공교육의 기초가 되었던 당시 미국교육 사절단이나 중앙교육연구소 등의 활동에서부터 생활지도와 카운슬링이라는 용어가 등장하게 되었다. 그 후 서울시의 교도교사의 강습활동을 통하여 전국적으로 생활지도 및 상담활동이 확산되고 발전되었다. 이러한 초기 10년간은 사실상 생활지도나 상담개념의 확립기에 해당되며, 이 시기에 각종 심리검사들이 많이 번역되어 나타났다.

1970년대에 접어들면서 집단상담이 한꺼번에 많은 사람들에게 변화를 유도할 수 있다는 점에서 각광을 받기 시작하였다. 이어서 1980년대에는 학교교육을 중심으로 포괄적이고 개념적인 수준에서 이루어지던 생활지도 활동을 초월하여 보다 전문적인 상담활동이 강조되기 시작하면서 상담효과에 대한 반성과 더불어 상담의 전문성을 요구하는 목소리가 확산되었다. 이에 따라 1990년대에 들면서 한국심리학회 내 상담 및 심리치료학회가 설립되었다. 이로 인해 상담은 학교교육 중심의 생활지도의 한 영역으로부터 보다 전문적인 상담체제로 전환되었고, 학회가 인증하는 상담전문가라는 전문적인 자격증시대가 열리게 되었다. 이것이 한국에서 상담활동의 폭발적인 증가를 낳았다. 또한 상담이 미래 유망 직종 중의 하나로 인식되면서 상담자가 되기를 희망하는 사람의 수도 증가하고 있다. 이러한 생활지도 및 상담활동의 발달에 비하여 진로지도나 진로상담의 발달은 그에 미치지 못하는 실정이다.

1970년대 이전까지의 진로지도나 진로상담에 대한 논의는 여과 없이 미국에서 들여온 개념에 지나지 않았다. 다시 말해, 진로지도와 상담의 필요성이 우리나라의 사회경제적 구조 속에서, 그리고 이에 적응하려는 개인의 필요성에 의해 자발적으로 나타난 것이 아니었다. 1970년대 경제발전과 더불어 농경사회에서 도시 산업사회로 변화되면서 당시 산업인력의 수급을 위한 직업교육의 강화와 더불어 진로교육의 필요성이 강조되었다. 중등학교의 교육과정에 어떻게 진로교육의 내용을 반영할 것인가 하는 문제가 대두되는 등 학교장면의 진로교육이 강조되었다. 그러나 이 시기는 산업인력 수급이 시급했기 때문에 직업교육의 질적 수준을 고려하거나 생애과정으로서의 진로선택이라는 의미보다는 단순히 취업이나 일류대학에 대한 입시경쟁 등에 초점을 맞춤으로써 진정한 의미의 진로활동이 이루어지지는 못하였다.

1981년 처음으로 진로지도와 진로상담에 대한 이론서인 이정근의 《진로지도와 진로상담》이 소개되었다. 그 후 한국교육개발원의 진로교육자료(1982), 행동과학연구소의 손충기 등(1982)에 의한 고등학생의 진로의식조사, 한국교육개발원의 홍기형 등(1983)과 이성진 등(1984), 그리고 강무섭 · 박영순(1984), 장석민 등(1987), 이재창(1987a, 1987b) 등의 진로교육 및 진로상담에 관한 연구논문과 저서들이 소개되기 시작하였다. 그러나 1980년대는 진로지도와 진로상담보다는 진로교육에 대한 이론적 소개와 함께 진로의식이나 진로성숙에 관한 경험적 연구 및 프로그램 개발이 활발했던 시기라고 할 수 있다(안창규, 2008).

1990년대에 접어들면서 진로지도 및 진로상담에 관한 활동이 활발히 전개되었다. 우선 1993년 김충기를 중심으로 한국진로교육학회가 창설되었다. 1995년에는 김충기의 진로판단권고제에 관한 특집호가 발간되었고 이를 계기로 교육부에서는 중학교 3학년을 대상으로 진로권고제의 운영에 대한 기초를 마련해 주었다. 또한 1996년 이현림을 중심으로 한국진로상담학회가 창설되어 과거 중등학교를 중심으로 한 진로교육의 한계를 벗어나 보다 체계적이고 전문적인 접근을 시도함으로써 진로상담의 발전에 커다란 기여를 하였다.

2) 교육과정적 관점

우리나라의 진로교육의 개념은 미국에서 등장한 진로교육이 비약적인 경제적 · 산업적 발달을 이룬 독일, 영국, 캐나다 등의 나라로 확산되는 분위기와 맞물려 1970년대 김충기를 비롯한 몇몇 학자들에 의해서 등장하게 되었다. 우리나라에서의 진로교육에 대한 등장도 미국의 진로교육 등장과 배경적인 측면에서 유사하다는 평가를 받고 있다.

학교교육이 학문적이고 주지적인 면에 치중하여 비약적인 경제적, 산업적 발달로 인한 사회적 변화에 적응할 수 있는 능력과 소양교육에 충실하지 못했다는 문제의식 하에, 학문지도와 직업지도를 통합하는 관점에서 진로교육은 1970년대 이후에 새롭게 등장하였다. 1970년대 제3차 교육과정에서 추구하는 인간상의 하위 영역에 산학협동 교육의 강화가 포함되었다. 1980년대에 들면서 대학졸업 이상의 고학력 인력이 급격하게 증가하면서 대량 실업상태에 놓이고 실업계 고교출신의 기능 인력이 크게 부족하게 되면서 교육적 차원에서 진로교육의 필요성이 자동적으로 강조될 수밖에 없었다. 제4차 교육과정(1981~1987)때 교육과정의 기본 방향에 진로교육의 충실화를 포함시킴으로써 본격적으로 진로교육의 개념이 등장하게 되며, 교과목 중 특히 실과에서 일과 직업의 이해 영역을 신설하여 진로교육을 더욱 강조하였다. 제5차 교육과정(1987~1991)에서 환경교육, 진로교육, 인구교육, 성교육 등이 교육 활동 전반에 걸쳐 이루어지게 되었으며, 이때 변화하는 사회에 적응할 수 있는 인재양성을 위해 컴퓨터에 관한 지도 내용을 신설하게 되었다. 제6차 교육과정(1992~1997)에서는 실과를 통한 진로교육뿐만 아니라 범교과 학습의 하위 주제 중 하나로 진로교육이 다루어지도록 하였다. 이 시기에 도덕교육, 환경교육, 경제교육, 근로정신함양 교육, 보건 및 안전교육, 성교육, 진로교육, 통일교육 등은 교과와 특별활동을 통하여 중점적으로 지도하되, 학교교육 활동 전반에 걸쳐 통합적으로 다루어지도록 하고 지역사회 및 가정과의 연계지도에 힘쓴다는 항목을 통하여 초 · 중 · 고에서 교과시간에 진로교육에 대한 내용을 강화함과 동시에 교과 이외의 특별활동이나 재량활동을 통해서도 진로교육이 이루어질 수 있도록 하였다. 제7차 교육과정(1997~2010)에서는 초등학교 진로교육이 모든 교과를 통해서 이루어지도록 하면서, 특히 실과에서 새롭게 일과 직업의 세계 단원을 도입하여 5학년과 6학년에서 지도하도록 하고 있다. 2009 개정교육과정(2011년 이후)에서는 기존의 창의적 재량활동과 특별활동 5개 영역을 창의적 체험활동으로 통합하여 자율활동, 동아리활동, 봉사활동, 진로활동으로 운영하면서 진로교육을 더욱 강조하고 있는 추세다.

제2장

진로발달이론

진로의 발달론적 관점은 오랜 시간에 걸쳐서 형성되는 직업행동을 체계적으로 설명하기 위한 기초를 제공해 준다. 여러 가지 진로 관련 검사, 진로상담 모형, 직업 만족도 연구, 진로교육 방법 등은 이러한 진로발달이론의 개념적 틀에 바탕을 두고 형성된 연구와 교육의 방향이다. 이 장에서는 특성요인 접근, 발달적 접근, 성격심리학적 접근, 사회 학습이론, 사회인지이론, 사회학적 접근 등을 중심으로 진로발달에 관한 이론들을 살펴보기로 한다.

1 특성요인 접근

특성요인 이론은 최초의 직업지도 모델로서 개인차 심리학과 응용심리학에 근거하고 있다. 이 이론은 최초로 객관적인 자료의 중요성을 강조하고 과학적인 방법으로 개인과 직업의 세계를 이해하려고 시도하였다는 점에서 진로상담에 중요한 공헌을 하였다.

Parsons는 19세기말부터 활발한 직업지도 운동을 전개하였는데 사후 발간된 《직업의 선택(1909)》에서 심리검사와 같은 과학적인 측정방법을 이용하여 개인의 특성을 확인하고 이를 직업의 특성과 연결시켜야 한다고 주장함으로써 특성요인 이론의 기초를 세웠다. 이후 2차 대전 직후까지 미네소타 대학의 Darley와 Williamson 등을 중심으로 과학적인 직업선택이나 직무배치를 도와주기 위하여 개인-직업, 개인-직무를 적절하게 연결시키기 위한 다양한 적성검사와 성격검사들이 개발됨으로써 특성요인 이론은 비로소 기본적인 틀을 갖추게 되었다.

먼저, Parsons(1909)는 개인이 가지고 있는 여러 가지 특성들을 심리검사와 같은 객관적인 방법을 통해 밝혀내고 각 직업에서 요구하는 요인들을 분석함으로써 개인의 특성에 적합한 직업을 선택하도록 도와주고자 하였다. 그가 제시한 3단계의 직업지도 모형을 제시하면 다음과 같다.

① 1단계 : 자신의 적성, 능력, 흥미, 가치, 욕구, 한계 등에 대한 명확한 이해
② 2단계 : 직업의 장 · 단점, 임금수준, 취업기회, 전망, 자격요건 등에 대한 지식
③ 3단계 : 합리적인 추론을 통한 개인과 직업의 연결

이와 같은 Parsons의 직업지도 모형에 영향을 받은 특성요인 이론의 기본가정을 살펴보면 다음과 같다.

첫째, 개인은 신뢰하고 타당하게 측정될 수 있는 안정적이고 독특한 특성이 있다.

둘째, 각 직업에는 해당 직무를 성공적으로 수행하는데 필요한 특별한 특성이 있다.

셋째, 개인의 특성 확인과 직업의 분석을 통해 개인에게 적합한 직업을 연결시

킬 수 있다.

넷째, 개인의 특성과 직업에서 요구하는 요건이 일치할수록 성공가능성과 직무 만족도가 높다.

이러한 특성요인 이론을 5가지 특징으로 요약하면 다음과 같다.

① 누구나 자신에게 적합한 하나의 직업이 있다.

② 개인은 자신의 진로를 계획할 때 올바른 선택을 하기 위해 최선을 다하지만 여러 가지 이유로 인해 시간이 낭비되고 적절한 목표를 상실할 가능성이 있다.

③ 청소년 초기에 자신에게 적합한 진로를 탐색하는 학습이 이루어져야 한다.

④ 교육에 대한 모든 결정은 적합한 직업에서 요구하는 조건과 특성에 맞도록 이루어져야 한다.

⑤ 개인의 직업목표는 시간이 흘러도 일관성이 있어야 하며, 생의 초기에 결정되어야 한다.

한편, 지시적 상담으로 유명한 Williamson은 미네소타 대학의 직업심리학자로서 특성요인 이론을 더욱 발전시킨 대표적인 학자라고 할 수 있다. 그는 Parsons의 견해를 지지하여 직업지도에서 심리검사를 이용한 정확한 자기이해와 이를 바탕으로 한 선택과 결정을 돕는 효과적인 방법에 대해 연구하였다. 그는 내담자들이 겪고 있는 직업 관련 문제들을 분류하고 이러한 문제를 야기한 요인들을 분석하였다. 이러한 연구를 바탕으로 Williamson이 제시한 특성요인이 이론에 입각한 상담전략은 다음과 같다.

① 1단계(분석) : 표준화검사나 각종 심리검사를 통해 개인에 관한 자료를 수집한다.

② 2단계(종합) : 개인의 장·단점, 성향, 욕구, 문제 등이 잘 드러나도록 자료들을 체계적으로 배열하고 종합한다.

③ 3단계(진단) : 자료를 통해 문제의 특성과 그 원인을 파악한다.

④ 4단계(예후) : 미래에 선택할 수 있는 직업들에 대한 성공 여부를 예측해 본다.

⑤ 5단계(상담) : 상담자는 내담자가 최선의 결정을 하도록 문제해결 과정을 조력한다.

⑥ 6단계(추수) : 의사결정의 적합성 유무를 판단하기 위해 사후 점검을 한다.

과거에는 특성요인 이론이 직업지도 및 교육의 장면에서 개인의 자기이해를 통해 직업선택과 결정을 돕는 효과적인 방법으로 인식되었다. 그러나 근래 특성요인 이론은 이미 쇠퇴기에 접어들었다는 비판과 함께 다음과 같은 지적을 받고 있다.

첫째, 적성검사나 성격검사와 같은 심리검사를 통해 개인의 특성을 평가하기 때문에 특정 직업에서 성공할 확률을 예측하는 예언 타당도가 낮다.

둘째, 지나치게 객관적인 자료에만 의존하므로 개인의 주관적이고 정서적인 경험을 과소평가할 우려가 있다.

셋째, 직업선택을 일회적인 행위로 보고 일생에 걸친 진로발달의 측면을 경시하는 경향이 있다.

넷째, 개인이 갖고 있는 제 특성들 간의 역동성과 선호성에 따라 직업선택이 달라질 수 있다는 점을 고려하지 못하였다. 끝으로 특성요인이론은 진로선택이나 결정에 대한 체계적인 이론이 없고 너무 지시적이라는 지적을 받고 있다.

그러나 특성요인 이론은 가장 초기의 직업지도의 원형으로서 표준화된 심리검사와 체계적인 직업분석을 강조함으로써 오늘날까지 실제 상담 장면에 유용하게 적용되고 있다. 실제로 우리나라의 경우 많은 기업체, 군대, 학교, 기관 등에서 적성검사나 성격검사와 같은 표준화된 심리검사를 사용하여 사원선발, 인사배치, 직무할당, 진로지도 등 여러 방면에 효율적으로 활용하고 있다.

2 발달적 접근

1950년대 초 Ginzberg 등은 특성요인 이론이 갖고 있는 단편적이고 일회적인 진로선택과 진로에 대한 고정적인 시각을 비판하면서 처음으로 진로에 대한 발달적 관점을 제안하였다. 그 이후 Super, Tiedeman, Gottfredson 등은 일생을 통해 진로행동이 어떻게 변화하고 발달하는가에 초점을 두고 진로에 대한 보다 장기적이고 발달적인 관점을 제시하였다. 이러한 노력에 따라 1950년대를 기준으로 하여 직업모델에서 진로모델로 패러다임의 전환이 이루어지게 되었다. 먼저 아동의 발달과업에 대한 Havighurst의 개념을 살펴본 이후에 진로에 대한 발달적 관점을 취하고 있는 몇 가지 대표적인 이론을 소개하기로 한다.

1) Havighurst

Havighurst는 진로발달을 유년기부터 노년기에 이르는 여섯 단계로 구성된 평생을 거친 과정으로 본다. 각 시기는 개인이 다음 단계에 오는 일에 성공하고 행복하기 위해서 반드시 성공적으로 이루어야 할 특별한 과업이 주어진다고 보았다. Havighurst의 진로발달 과정을 〈표 2-1〉에 제시한다.

〈표 2-1〉 **진로발달 : 생애 과정**

진로발달단계	과업	나이
[1단계] 일에 대한 인식	아버지, 어머니, 다른 중요한 사람들과 일하는 것이라는 개념이 자기인식에서 핵심적인 부분이 됨.	5~10세
[2단계] 일의 기본적 습성 획득	• 하나의 일을 하기 위해 자신의 시간과 에너지를 조직하는 법을 배움. • 학교 일, 적절한 상황에서 노는 것 보다 일을 우선시하는 것을 배움.	10~15세
[3단계] 직업구조에서 근로자로서의 정체성 획득	• 직업을 선택하고 준비함. • 경제적 독립을 하기 위해 경험을 쌓음.	15~25세
[4단계] 생산적인 직업인 되기	• 직업의 기술을 마스터함. • 그 직업 내에서 사다리를 밟아 올라감.	25~40세
[5단계] 사회적 측면에서의 직업인 유지	• 근로자 역할의 개인적 측면에서 사회활동으로 강조점이 옮겨감. • 개인이 자신을 생산적인 사회의 책임있는 시민으로 봄. • 자신의 일에 부여된 시민적 책임에 관심을 둠. • 자신의 직업 경력의 정점에 있고, 보다 넓은 유형의 활동으로 경력을 쌓기 위해 시간과 에너지를 씀.	40~70세
[6단계] 책임있는 직업인으로서의 삶 돌아보기	• 일로부터 은퇴했거나, 근로자로서의 역할을 그만두는 과정. • 인생을 회고하고, 자신이 사회에 기여한 것으로 생각하고, 그것에 기뻐함. • 야망을 모두 이루지는 않았을지라도 자신의 삶을 받아들이고 자신이 생산적인 사람이라고 믿음.	70세 이상

2) Ginzberg

Ginzberg 등은 진로의 생애단계에 관한 연구의 영향을 받아 발달적 접근을 직업선택이론에 도입함으로써 최초로 직업선택에 관한 발달적 관점을 제시하였다. Ginzberg와 동료들은 각기 경제학자, 정신과 의사, 사회학자, 심리학자였기 때문에 그들의 진로발달이론은 여러 학문 분야의 전문적 식견이 결합되어 있다고 볼 수 있다.

Ginzberg 등은 중산층 백인 청소년을 대상으로 그들의 직업선택 과정을 집중적으로 연구하였다. 그 결과, 직업선택이 특정 시기에 일회적으로 일어난다고 보았던 과거의 관점과는 달리, 장기간에 걸쳐서 이루어지는 발달과정임을 발견하였다. 다시 말해, 인간의 신체와 정신이 발달하는 것과 마찬가지로 직업에 대한 지식, 태도, 기능도 어려서부터 발달하기 시작하여 일련의 단계를 거치면서 지속적으로 발달한다는 것이다. 아울러 직업선택 과정은 비가역적이어서 나중에 이루어지는 결정은 그 이전의 결정에 영향을 받는다고 보았다. 이러한 직업선택은 개인의 흥미 · 능력 · 가치와 같은 내적 요소와 가정환경이나 직업조건과 같은 외적 요소와의 타협을 통해 이루어지며 이러한 능력은 성장하면서 지속적으로 계속 발달한다.

Ginzberg는 이러한 타협을 직업선택의 본질이라고 보고 초기에는 흥미, 능력, 가치가 직업선택에 주된 영향을 미치지만 나이가 들수록 외적인 현실과의 타협에 의해 직업선택이 이루어진다고 보았다. 그가 제시한 직업선택 단계를 살펴보면 다음과 같다.

(1) 환상적 선택 단계(fantasy choice period)

이 단계는 대략 6~10세에 해당되는 시기로 현실여건, 자신의 능력이나 가능성을 고려하지 않고 자신의 욕구에 따라 특정 직업을 선호한다. 현실을 고려하는 능력이 없으므로 비현실적인 선택을 하는 경향이 있다.

(2) 잠정적 선택 단계(tentative choice period)

이 단계는 11~17세에 해당되는데 초기에는 자신의 흥미를, 후기에는 능력과 가치를 고려하여 직업을 선택하지만 아직 충분히 현실 여건을 고려하지는 못한다.

① **흥미단계**(interest stage : 11~12세) : 자신이 좋아하는 일과 싫어하는 일을 구분하기 시작함으로써 자신의 취향이나 흥미에 맞는 직업을 선택하려는 경향이 나타난다.

② **능력단계**(capacity stage : 13~14세) : 자신의 능력을 고려하는 시기로서 흥미를 가지고 있는 분야에서 과연 자신이 성공할 수 있는 능력을 지니고 있는지 시험해 보기 시작한다.

③ **가치단계**(value stage: 15~16세) : 직업을 선택할 때 다양한 요인이 작용한다는 것을 인식하게 되고 자신의 가치관과 생애 목표에 비추어 직업을 평가한다.

④ **전환단계**(transformation stage : 17세) : 진로선택에 대한 책임이 있음을 스스로 인식하고 급여, 필요한 교육수준, 작업환경 등을 고려하기 시작한다.

(3) 현실적 선택 단계(realistic choice period)

이 단계는 18세를 전후하여 성인기에 이르는 시기로서 현실을 고려한 실질적인 진로선택이 이루어진다. 개인의 능력과 욕구, 직업의 요구조건을 함께 고려하여 진로를 결정한다.

① **탐색단계**(exploration stage) : 자기 자신의 모든 역량과 현실을 고려하여 취업기회를 본격적으로 탐색하고 진로를 결정하려고 하는 시기다.

② **구체화단계**(crystalization stage) : 자신의 직업목표를 구체화하여 특정 직업에 취업한다. 때때로 이 시기에 진로를 수정하기도 한다.

③ **전문화단계**(specification stage) : 특정 직업이나 진로에 대해 구체적이고 전문적인 계획을 수립하고 이에 필요한 전문적인 훈련이나 교육을 받게 된다.

Ginzberg와 동료들이 제시한 일부 관점은 오랜 시간이 흐른 이후에 다음과 같이 수정되었다. 첫째, 직업결정은 성인 초기에 끝나는 것이 아니라 일생을 통해 여러 번 일어날 수 있다. 둘째, 직업선택의 불가역성은 더 이상 유효하지 않다. 셋째, 초기에 사용하였던 '타협'이라는 용어를 여러 요인들 간의 조화를 추구한다는 의미에서 최적화(optimization)로 대체하였다. 이 밖에도 Ginzberg(1984)는 직업선택이 인간의 직업적 삶과 관련된 생애 과정인 동시에 매우 복잡한 과정임을 재차 강조하고 있다. Ginzberg의 이론은 최초로 직업선택에 관한 발달적 접근을 제시했다는 점에서 기여한 바가 매우 크지만 이론의 체계성과 포괄성의 측면에서 다소 부족하다는 평가를 받았다.

3) Super

Super는 Ginzberg가 제시한 진로발달이론의 한계를 지적하고 직업선택 및 진로발달에 대한 여러 견해들을 종합하여 진로발달에 있어서의 개인적 요인과 환경적 요인간의 상호작용을 강조하는 하나의 통합적인 이론을 구축하였다. Super는 일회적인 직업선택의 모델을 거부하고 개인과 환경이 끊임없이 변화하기 때문에 개인과 환경간의 연결은 결코 완전할 수가 없다고 주장하면서 진로에 대한 장기적이고 발달적인 접근을 취하였다. Super와 같은 발달이론가들이 가지고 있는 공통된 신념을 살펴보면 다음과 같다.

첫째, 진로는 일생을 통해 발달하고 변화해 간다.

둘째, 이전의 행동은 이후의 행동에 영향을 미친다.

셋째, 각기 다른 연령 혹은 단계에서는 서로 다른 진로 관련 문제들을 경험하게 된다.

넷째, 연령별 혹은 단계별로 경험하는 각기 다른 문제들에 대해 중재하는 방법도 각기 다르다. 이러한 발달적 신념을 바탕으로 Super는 1953년 자신의 이론의 기저가 되는 10가지 기본 가정을 제시하였고, 그 후 두 차례의 수정작업을 거쳐 다음과 같이 14가지로 확장하였다(Super, 1990).

① 사람은 능력, 성격, 욕구, 가치, 흥미, 특성, 자아개념에 차이가 있다.
② 이 같은 차이로 인해 사람은 각기 다른 직업적 자질을 가지고 있다.
③ 각 직업군에는 그 직업에서 요구하는 특징적인 능력과 성격 특성이 있다.
④ 직업선호, 능력, 환경, 자아개념은 시간과 경험에 따라 변화한다.
⑤ 변화과정은 성장기, 탐색기, 확립기, 유지기, 쇠퇴기라는 일련의 생애단계로 구분된다.
⑥ 진로유형의 본질은 부모의 사회경제적 수준, 개인의 지적 능력, 교육, 기술, 성격특징(욕구, 가치, 흥미, 자아개념), 진로성숙, 개인에게 노출된 기회 등에

의해 결정된다.

⑦ 특정한 진로발달단계에서 환경과 개인의 요구에 부응하는데 성공하느냐의 여부는 이러한 요구에 대처하는 개인의 준비성에 달려있다.

⑧ 개인의 준비성은 하나의 단일한 특성이 아니다.

⑨ 능력과 흥미의 성숙을 촉진시키고, 자아개념의 발달과 현실검증을 도와줌으로써 진로발달이 이루어질 수 있다.

⑩ 진로발달은 필연적으로 직업적 자아개념을 발달시키고 실천해 가는 과정이다.

⑪ 개인적 요인과 사회적 요인, 자아개념과 현실간의 타협이나 통합의 과정은 상담, 면접, 수업, 클럽활동, 여가활동, 취업활동과 같은 실제 활동을 통해 이루어진다.

⑫ 직업 만족도와 생활 만족도는 개인의 능력, 욕구, 가치, 흥미, 성격적 특성, 자아개념에 알맞은 적절한 진로를 찾아 종사하느냐에 달려 있다.

⑬ 일을 통한 만족의 정도는 자아개념의 수행 정도에 비례한다.

⑭ 일과 직업은 개인의 성격형성에 중요한 역할을 한다.

이상과 같이 Super(1990)는 진로를 개인이 일련의 발달과업에 직면하고 자신이 원하는 사람이 되기 위해 스스로를 조절하려는 삶의 과정으로 정의하면서 진로발달단계, 진로성숙, 진로유형, 자아개념 등을 강조하였다. 먼저 Super는 1951년 진로유형 연구를 통해 진로발달단계를 제시하였다. 각 단계별로 독특하고 특징적인 행동을 규정하고 각 단계에 해당하는 연령을 구분하였다. 개인의 특성, 능력, 환경 등의 차이로 인해 개인마다 직업의 수준, 직업의 종사기간은 다를 수 있지만 누구나 [그림 2-1]과 같이 크게 6가지의 발달단계를 거친다고 주장하였다.

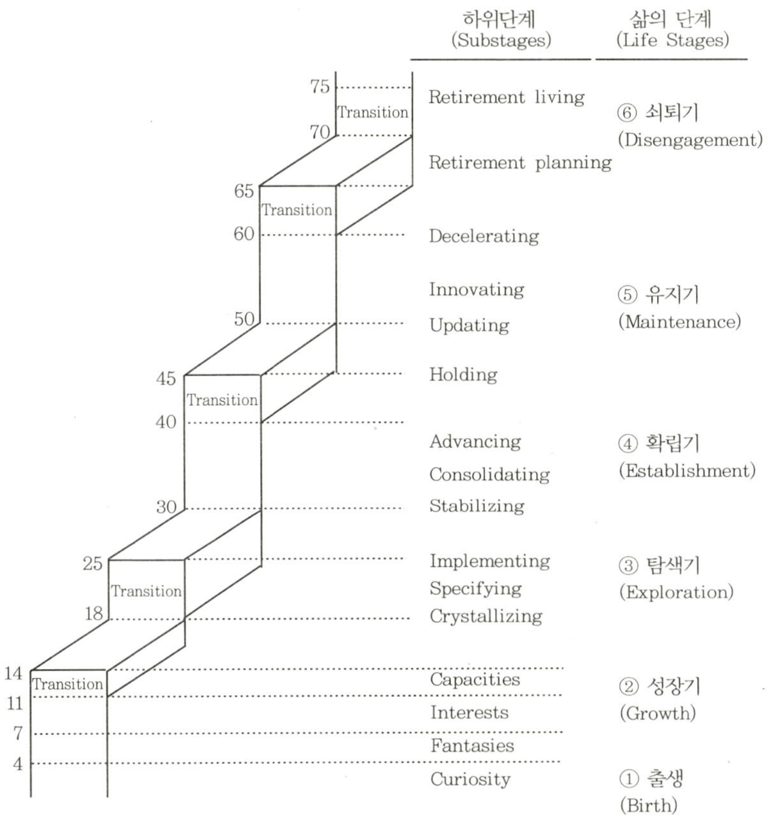

[그림 2-1] Super의 발달과업에 따른 삶의 단계

출처 : Sharf, R. S. (2002). Applying career development theory to counseling, p 158.

(1) 성장기(growth stage)

이 시기는 출생에서 14세까지의 시기로서 가정과 학교의 주요 인물에 대한 동일시를 통해 자아개념을 발달시켜 나간다. 이 시기는 능력, 태도, 흥미, 자아개념과 관련된 욕구들이 발달되는 시기로 초기에는 욕구와 환상이 지배적이지만 점차 사회적 참여와 현실검증력이 증가함에 따라 자신의 흥미와 능력을 중요시하게 된다. 이 단계는 진로선택에 중요한 역할을 하는 요소가 조금씩 다르므로 환상기

(fantasies : 4~10세), 흥미기(interests : 11~12세), 능력기(capacities : 13~14세)로 세분화된다.

(2) 탐색기(exploration stage)

이 시기는 15세에서 24세까지의 시기로 자신의 욕구, 적성, 흥미, 가치, 취업 기회 등을 고려하며 자신에게 알맞은 직업을 적극적으로 탐색한다. 그러나 여전히 진로선택의 폭이 매우 좁고 잠정적이라는 한계를 가지고 있다. 하위단계로는 잠정적으로 진로를 선택하는 잠정기(Crystallizing : 15~17세), 현실적인 요인들을 고려하기 시작하는 전환기(specifying : 18~21세), 자신에게 적합하다고 판단되는 직업을 선택하여 취업하는 시행기(implementing : 22~24세)가 있다.

(3) 확립기(establishment stage)

이 시기는 25세에서 44세까지의 시기로 자신에게 적합한 직업분야를 발견하여 직접 직업에 종사하여 점진적으로 안정적인 기반을 다져나가는 시기이다. 이 단계는 직접 직업에 종사하거나 혹은 자신에게 적합한 다른 직업으로 바꾸는 이행기(stabilizing : 25~30세), 개인의 진로유형이 안정되어 가는 안정기(advancing : 31~44세)로 나누어진다.

(4) 유지기(maintenance stage)

이 시기는 45세에서 64세까지의 시기로 일정한 직업에 정착하여 가장 안정된 생활을 영위한다. 자신이 처해 있는 지위를 향상시키기 위해 지속적으로 노력하는 시기이기도 하다.

(5) 쇠퇴기(decline stage)

이 시기는 65세 이후의 시기로 정신적, 육체적으로 기능이 쇠약해진다. 따라서 은퇴 이후의 삶에 대해 신중히 생각하고 다른 새로운 역할이나 활동을 찾게 된다. Super(1990)는 일련의 진로발달단계가 순서에 따라 발생한다는 정적인 관점을 수정하였다. 일생에 걸친 진로발달단계를 대순환(maxicyle)으로 명명하고, 각 발달단계마다 다시 탐색기 – 확립기 – 유지기 – 쇠퇴기가 존재한다고 주장하면서 이

것을 소순환(minicycle)이라고 지칭함으로써 진로발달의 역동적인 관점을 채택하였다. 또한 Super는 개인의 진로발달과정을 자기실현 및 생애발달의 과정으로 보고, 여러 가지 생활영역에 있어서의 진로발달을 나타내는 생애진로무지개(life career rainbow)를 [그림 2-2]와 같이 제시하였다(Super, 1984).

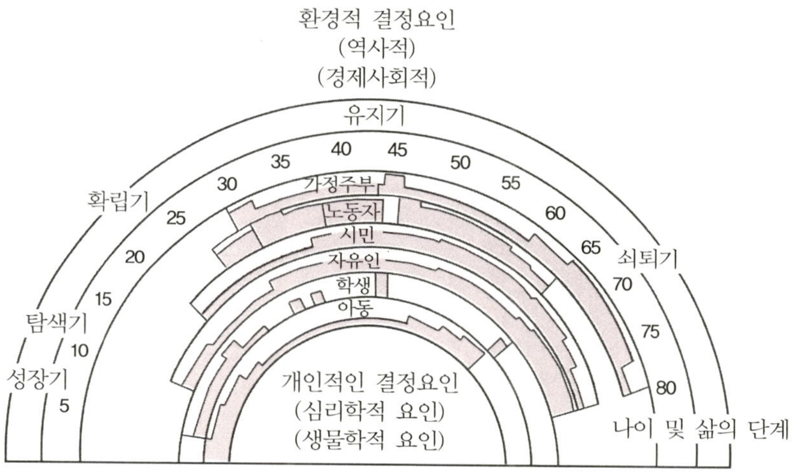

[그림 2-2] 생애진로무지개

출처 : Sharf, R. S. (2002). Applying career development theory to counseling. p 157.

생애진로무지개 모형은 진로성숙(career maturity)과 역할중요성이라는 두 가지 차원으로 되어 있는데, 생애에 걸쳐 얼마나 다양한 역할이 출현하고 또 그것들이 어떻게 상호작용하는지를 나타내는 그림이다. 그림에서 보듯이 사람은 자신의 개인적 결정요인에 작용하는 심리학적 · 생물학적 요소를 바탕으로 점차적으로 역사적 · 사회경제적인 상황적 결정요소를 고려하면서 아동, 학생, 여가를 즐기는 사람, 시민, 근로자, 배우자, 가장과 주부, 부모, 연금생활자의 역할을 수행한다. 이러한 역할들은 상호작용하며 이전의 수행이 이후의 수행에 영향을 미치게 된다. 이 때 특정한 하나의 역할만 고려할 경우 역할상의 갈등이 초래되므로 전인적(whole people) 관점에서 진로를 계획해야 한다. 여러 가지 역할의 동시적인 결합에 의해 개인의 생활양식이 형성되고 이러한 역할들이 연쇄적인 결합에 의해 생활영역과 생활주기가 형성되며, 이 모든 구조가 곧 진로유형을 이루게 된다고 본다. 또한 Super(1990)는 진로발달의 발달적 성질과 하위 구성요소들 간의 상호작용을 강조하고 그 원인을 분명히 하기 위해 진로아치모델(career archway model)을 [그림 2-3]과 같이 제안하였다.

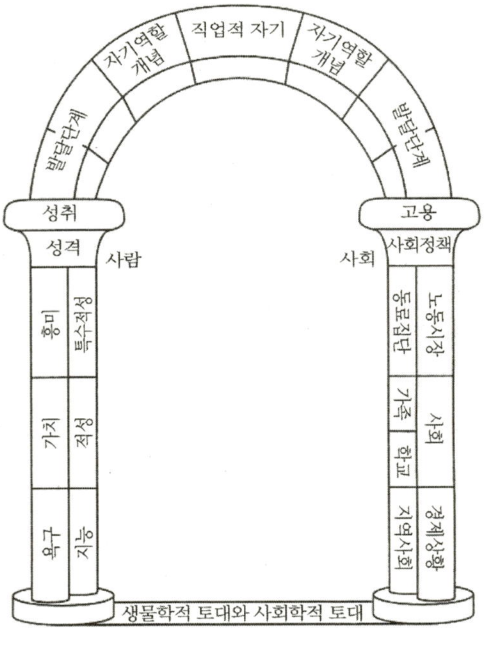

[그림 2-3] **진로아치모델**

출처 : Sharf, R. S. (2002). Applying career development theory to counseling. p 155.

진로아치모델은 아치형상을 하고 있으며 세 개의 큰 석조 구조물로 구성되어 있다. 가장 아래 단은 인간발달을 위한 생물학적 – 사회학적 기초를 의미하고 왼쪽 큰 석조기둥은 사람을 오른쪽 석조기둥은 사회를 형성한다. 이러한 양 기둥을 바탕으로 일련의 발달단계를 거치면서 자아개념이 형성되기 때문에 진로아치의 가장 정점에 직업적 자기(self)가 위치한다. 이 진로아치는 그 자체가 진로를 의미한다. 각 경계선은 발달단계를 가리키며, 왼쪽 기둥은 아동기와 청소년기를, 오른쪽 기둥은 초기 성인기와 장년기를 나타낸다. 각 단계를 거치는 동안 아동, 학생, 근로자, 배우자 등의 개인적인 지위를 얻게 되고 이러한 역할을 통해 역할자아개념이 발달하게 된다.

Super의 이론은 자아개념 이론이라고 부를 만큼 진로발달에 있어서 자아개념을 강조한다. 자아개념은 자신에 대해 기술하는 여러 가지 특성들의 결합으로서 개인의 성격 속에 내포되어 있다. 특히 직업적 자아개념은 생애를 통해 자신의 진로경향성을 확고히 하는데 영향을 미친다. 그러므로 비현실적인 자아개념을 가진 사람은 현명하지 못한 진로선택을 하고, 단순한 자아개념을 가진 사람은 다차원적인 사람보다 부적절한 직업을 선택할 가능성이 높다고 할 수 있다. 따라서 Super의 발달적 입장에서 보면, 진로상담자는 내담자가 직업적 자아개념을 발달시켜 현실성 있는 진로의사결정을 함으로써 진정한 자기성취를 이루도록 조력하는 것이 목표라고 할 수 있다.

Super의 진로발달이론은 직업모델에서 진로모델로의 패러다임의 전환에 영향을 미친 이론으로 진로분야에서 매우 중요한 위치를 점하고 있다. 이 이론은 한 개인의 진로발달을 발달적인 관점에서 매우 중요시했다는 점에서 높이 평가되고 있으며, 아울러 진로유형, 진로성숙, 진로발달단계에 초점을 맞추어 진로발달과정을 체계적으로 기술하고 있다는 점에서 매우 역동적이고 포괄적인 이론이라는 평가를 받고 있다. 그러나 다른 한편으로는 Super의 이론이 자아개념과 지적인 면을 지나치게 강조하며, 진로선택보다 진로발달에 초점을 두고 있고, 남성 쪽으로 치우친 이론이라는 비판을 받고 있다. 아울러 안정적이고 전통적인 진로를 바람직한 것으로 간주하는 중산계층의 가치에 편중된 이론이라는 평가를 받고 있다.

4) Tiedeman

Tiedeman은 과거의 진로이론들이 개인의 특정직업 선택에 지나치게 초점을 맞추면서 성장과 변화에 적응하는 개인의 능력을 경시하고 있음을 지적하고 개인의 힘, 즉 직업선택의 자기구성능력을 강조하였다. 그에 의하면 사람은 누구나 자신의 만족을 위해 진로를 선택하며, 삶을 개선하고자 하는 내적인 힘의 중요성을 중시하므로 여기에 초점을 맞추어야 한다고 믿었다. 그의 이론은 개인이 자신의 특성을 정확히 파악하고 자아를 실현시킬 수 있는 일이 무엇인가를 인식해 가는 과정, 즉 진로의사 결정과정을 중요시한다. 따라서 그의 이론을 통해 기존의 직업선택에 대한 결정론적인 입장에서 벗어나 환경을 스스로 선택할 수 있는 합리적인 존재로 보는 실존적이고도 자기 결정적인 입장으로 전환하는 계기가 되었다.

Tiedeman과 O'Hara(1963)는 의사결정 과정을 통해 직업의식이 어떻게 발달되어 가는가를 설명하고자 하였다. 그들은 진로 의사결정 과정에 있어서 자아의 발달의 중요성과 분화와 통합의 개념을 강조하였다. 그들에 의하면, 개인이 진로를 스스로 결정하여 그 진로에서 잘 적응하고 발전하는 과정에서 자아의 발달이 이루어지며, 개인이 새로운 경험에 직면하면 분화와 통합의 과정을 거치면서 자아정체감과 직업적 정체감이 발달하게 된다고 하였다. 그러므로 Tiedeman은 진로발달이 자아정체감의 지속적인 분화와 통합에 의해 이루어질 것으로 간주하면서 진로 의사결정 단계를 예상기와 실행기로 구분하였다.

(1) 예상기(anticipation period)

전직업기(preoccupation period)라고도 한다.

① **탐색기**(exploration substage) : 상상이나 실제 활동을 통해 다양한 경험을 하며 자신의 진로목표를 설정하고 대안을 탐색해 보며 진로선택과 관련된 포부, 능력, 흥미 등에 대해 예비적으로 평가해 본다.

② **구체화기**(crystalization substage) : 여러 가지 대안들을 지속적으로 평가하여 줄여 나가고 가치에 따라 이를 서열화하며 자신의 진로를 보다 구체화 한다.

③ **선택기**(choice substage) : 확실한 진로목표를 설정하고 그 목표에 도달하기 위해 필요한 행동이 무엇인지를 인식한다.

④ **명료화기**(clarification substage) : 선택한 목표를 더욱 명료화하기 위해 신중히 분석 · 검토하여 진로 결정에 대해 더욱 강한 확신을 가진다.

(2) 실행기(implementation period)

적응기(adjustment period)라고도 한다.

① **순응기**(inducation substage) : 새로운 환경에 수용적으로 임하여 집단 내 다른 사람들과 사회적 상호작용을 경험하게 된다.
② **개혁기**(reformation substage) : 집단구성원으로 수용되어 인정을 받은 후 자신의 의견을 주장하거나 타인을 설득하는 행동을 취한다.
③ **통합기**(integration substage) : 개인은 타협의 과정을 통해 집단의 요구와 자신의 요구를 균형 있게 조절하여 통합을 이룬다.

Tiedeman은 진로선택을 하기 위하여 탐색 – 구체화 – 선택 – 명료화 – 순응 – 개혁 – 통합의 과정을 거치게 되며 이러한 과정 속에서 직업적 자아개념이 형성되어 간다고 보았다. 이 때 각 단계는 이전 단계의 결정과는 질적으로 차이가 있으며 개인은 곧 과거의 여러 가지 결정들의 총체라고 보았다.

Tiedeman도 Super와 마찬가지로 직업발달의 단계를 구분하였으나 몇 가지 점에서 차이가 있다. Super는 각 단계를 연령에 따라 구분하고 자아개념이 타인의 평가에 의해 발달 된다고 봄으로써 개인에 대한 관점이 다소 부족한 반면, Tiedeman은 단계를 연령에 따라 고정시키지 않고 문제의 성질에 따라 반복 가능한 것으로 보았으며, 개인의 자기구성 능력을 강조하였다는 점에서 차이가 있다. Super가 연령의 증가에 따라 진로의식이 어떻게 발달해 가는가에 초점을 둔 반면, Tiedeman은 개인 내적인 의사결정 과정을 통해 직업의식이 어떻게 발달해 가는가에 초점을 두었다는 점에서 서로 다르다. 이처럼 Tiedeman의 이론은 개인의 자기구성 능력과 진로의사결정, 분화와 통합에 의한 자아정체감의 발달을 강조함으로써 직업선택만 중시하던 결정론적인 입장에서 벗어나게 되었으며, 동시에 능동적인 선택의 합리적인, 그리고 자기구성 능력을 지닌 존재로 받아들이는 관점의 변화가 나타나게 되었다.

5) Gottfredson

Gottfredson(1981)은 자아개념이나 흥미와 같은 개인의 내적인 요인에만 초점을 두었던 이전의 이론과 달리, 성역할이나 사회적 명성과 같은 사회적 요인과 추론능력이나 언어능력 과 같은 인지적 요인을 통합시켜 직업적 포부의 발달에 관한 체계적인 설명을 시도하였다. 그녀는 사람들이 각자 다른 자아개념을 가지고 있기 때문에 자신의 자아개념에 적절한 직업들을 선호하게 된다고 보았다. 따라서 이러한 자아개념과 직업에 대한 선호성이 어떻게 직업적 포부의 발달에 영향을 주는지 설명하고자 하였다.

Gottfredson(1981)은 직업적 포부를 어떤 개인이 특정한 시점에서 자신에게 가장 좋은 대안이라고 생각하는 하나의 직업이라고 정의한 바 있다. 직업적 포부는 자아개념(성 · 사회계층 · 지능 · 흥미 · 가치), 직업 이미지(성 · 명예 · 분야), 직업의 접근가능성 등과 같은 요소들에 의해 형성된다. Gottfredson이 제시한 직업적 포부(vocational aspiration)의 4단계 발달단계를 살펴보면 다음과 같다.

(1) 1단계 : 크기와 힘 지향(orientation to size and power)

3~5세에 해당되며 이 시기의 아동들은 아직 사고가 구체적이어서 표면적으로 드러나는 신체적 크기가 크고 힘이 세고 멋진 직업을 선호하는 경향이 있다. 과거, 현재, 미래의 구분이 거의 없으며 마술적이고 자기중심적인 사고를 하며, 자신과 성인의 차이를 신체적 크기에서 찾는다. 미래에 대한 개념이 아직 형성되지 않아 그들이 가지고 있는 미래의 성인에 대한 개념은 다소 제한적이다.

(2) 2단계 : 성 역할 지향(orientation to sex roles)

6~8세에 해당되며 이 시기의 아동들은 구체적 조작기에 완전히 접어들게 되므로 정신적으로 표상하는 쉐마를 발달시키고 범주화하는 능력이 눈에 띄게 증가한다. 외현적인 활동이나 옷과 같은 시각적인 단서를 통해 성 역할을 인식해 나가면서 직업을 여성적 직업과 남성적 직업으로 이분화하여 인식한다. 자신의 성에 대한 정체감을 형성하기 위해 성편견을 촉진시키기도 한다.

(3) 3단계 : 사회적 가치 지향(orientation to social valuation)

9~13세에 해당되며 아동들은 자기중심성을 벗어나 또래나 사회에서 중요하게 여기는 가치, 규범, 명성에 민감하게 된다. 또한 사회계층의 차이, 개인의 능력의 차이, 직업들 간의 사회적 명성의 차이를 인식하게 된다. 이 시기가 되면 사회적 가치에 대해 성인과 유사한 관점을 가지게 된다.

(4) 4단계 : 내적이고 독특한 가치 지향(orientation to the internal, unique self)

14세 이상에 해당되며 이 시기의 청소년들은 자신에 대한 폭넓은 정체감을 형성하게 되고 타인에 대한 지각도 증가한다. 또한 형식적 조작기에 접어들게 되므로 실제 경험하지 않은 영역에 대해서도 가상적으로 추론할 수 있기 때문에 직업에 대해 성인과 유사한 개념을 가지게 되고 자신의 직업적 포부를 현실적으로 구체화시켜 나간다.

Gottfrdson(1981)은 이와 같은 발달단계에 근거하여 직업적 포부의 형성 및 변화과정을 설명하기 위해 제한(circumscription)과 타협(compromise)의 원리를 제시하였다. 즉 발달의 초기 단계에 해당되는 어린 아동들은 자신이 원하는 것은 무엇이든 될 수 있다는 생각을 하지만 성장하면서 특정한 기준, 즉 신체의 크기와 힘, 성역할, 사회적 명성, 내적가치 등에 의해 자신의 직업적 포부를 스스로 제한시키게 된다. 다시 말해 사람들은 특정 직업이 자신의 성 유형에 맞지 않을 때, 사회적 계층이나 능력수준에 맞지 않을 때, 자신의 가치관에 맞지 않을 때 그 직업을 자신의 고려대상에서 제외시킨다. 그리고 자신의 실제 능력과 이상 간의 타협을 끊임없이 모색하면서 점차 자신이 가지고 있는 여러 가지 직업적 대안들을 구체화시키고 그 범위를 줄여나간다.

Gottfrdson이 제시한 자아개념의 정의에 대한 타당성 문제라든가 성역할이나 명성보다는 오히려 흥미가 직업선택에 더 큰 영향력을 미친다는 주장이 제기되었다. 그러나 인지발달이론, 자아개념이론, 사회학적 개념 등을 폭넓게 통합하여 이론을 체계적으로 구성하였다는 점에서 인정을 받고 있는 이론이다.

3 성격심리학적 접근

진로발달에 관한 심리학적 접근은 동기, 성격, 욕구와 같은 개인의 내적 심리과정을 강조함에 따라 개인의 관찰 가능한 특징에 초점을 두는 특성요인 이론과는 대조적이라고 할 수 있다. 심리학적 접근에서는 개인마다 성격구조가 다르기 때문에 각자 자신이 원하는 직업을 선택함으로써 자신의 욕구를 충족시키고자 한다고 가정한다. 심리학적 접근의 대표적인 이론인 정신분석학적 관점, Roe의 욕구이론, Holland의 이론을 중심으로 각 접근의 특징을 살펴보기로 한다.

1) 정신분석학적 접근

진로발달에 대한 정신분석학적 접근은 Freud의 정신분석이론을 진로발달에 도입하여 개인의 성격과 직업과의 관련성을 탐구하고자 하였다. 이 접근에서는 본질적으로 일을 본능적 욕구를 사회적으로 용납 가능한 형태로 변화시킨 승화의 산물로 보았다. 일에 대한 정신분석학적 입장을 취하고 있는 대표적인 학자로는 Bordin, Nachmann, Segal 등을 들 수 있다.

먼저 Brill을 비롯한 초기 학자들은 두 가지 근본적인 생각, 즉 일은 승화의 결과이며 일을 통해 쾌락의 원리와 현실의 원리를 결합시킬 수 있다는 점에 초점을 두었다. 다시 말해, 일은 승화의 산물로서 수용할 수 없는 충동과 소원들을 사회적으로 수용가능하며 기여할 수 있는 행동으로 전환시킬 수 있는 하나의 수단으로 보았다. 초기 학자들은 본능을 지나치게 강조함으로써 성인의 직업적 행동이 출생 후 6년까지의 부모-아동간의 상호작용에 의해 주로 결정된다고 보고 그 외 사회문화적 영향은 경시하는 경향이 있었다.

진로발달에 대한 정신분석학적 접근은 사회 · 경제 · 문화적 요인이나 외부의 영향을 고려하지 않고 내적동기만 강조하며, 진로성숙의 개념을 경시하는 단점을 지니고 있다. 또한 이 접근은 직업선택에 대한 정신분석학적 견해를 타당화할 만한 경험적 증거가 거의 없으며 관찰될 수 없는 동기나 욕구에 대해 지나친 관심을 가짐으로써 진로결정의 개념화를 더 복잡하게 만든다는 문제점이 제기되었다. 그러나 진로발달과 관련하여 아동 초기의 발달과정의 중요성과 부모 아동간의 초기 관계의 중요성을 언급했다는 점에서 이 접근의 공헌점을 찾을 수 있다.

2) Roe의 욕구이론

Roe는 아동기의 가족관계와 직업선택의 관련성에 주목하면서, 성격이론을 진로발달에 적용하여 직업선택에 대한 욕구이론적 접근을 제시하였다. Roe의 욕구이론은 Maslow의 욕구이론을 수용하여 진로개념에 적용한 것으로 볼 수 있다. Roe는 자연과학자와 사회과학자를 대상으로 한 연구에서, 두 집단 간에 나타나는 성격상의 차이는 어릴 때 부모의 자녀 양육태도에서 비롯되며 타인과의 상호작용의 종류(사람 지향, 사람 기피)와 관련이 있음을 발견하였다. 이에 따라 Roe는 성인의 직업선택을 아동기의 부모-자녀간의 상호작용을 통해 형성된 욕구에 대한 반응으로 간주하여 부모의 양육태도가 미래의 여러 가지 중요한 결정과 직업선택에 지대한 영향을 미친다는 결론을 내렸다. 또한 Roe는 초기 부모-아동의 상호작용, 환경, 유전적 요인 등에 의해 각 개인의 욕구구조가 발달한다고 보았다. Roe가 제시한 흥미와 욕구의 기원에 관한 명제를 소개하면 다음과 같다.

① 유전은 흥미와 능력의 발달에 영향을 미친다.
② 흥미의 발달은 가족, 문화적인 경험, 성과 인종에 의해 형성된다.
③ 유전과 초기 환경 내 여러 영향들 간의 상호작용을 통해 개인의 기본적인 욕구를 충족시킬 수 있는 행동을 하도록 에너지가 집중된다.
④ 심리적 에너지는 개인의 흥미를 결정하는 중요한 한 요소이다.
⑤ 개인의 욕구, 만족 정도, 에너지를 구조화 시키는 방법 등에 따라 성취동기의 수준이 결정된다.

이러한 관점에 근거하여 Roe는 부모의 자녀양육 방식과 자녀의 직업지향성 간의 관계를 설명하기 위해 부모의 자녀양육 방식과 그에 따른 직업의 경향성을 크게 정서 집중형, 회피형, 수용형으로 구분하였다.

(1) 정서 집중형

① **과보호형** : 이 유형의 부모들은 자녀를 지나치게 보호하며 응석을 잘 받아 줌으로써 의존심을 길러준다. 자녀들은 주로 서비스, 예술, 연예인으로 성장하는 경향이 있다.
② **욕구과잉형** : 이 유형의 부모들은 자녀에게 높은 성취기대를 가지고 있으며, 자녀를 엄하게 지도하고 복종시키려는 경향이 있다. 이러한 부모에게서 자란 아이들은 일반적으로 변호사, 교사, 학자가 되거나 혹은 예술이나 연예활동에 종사하는 경향이 있다.

(2) 회피형

① **거부형** : 이 유형의 부모들은 자녀를 한 인격체로 받아들이지 않는다. 그들은 냉정하고 적대적이어서 아이들을 방해물로 여긴다. 부모로부터 거부를 받으며 자란 아이들은 주로 과학과 관련된 직업에 종사하는 경향이 있다.

② **무시형** : 이 유형의 부모들은 아이들을 무시하며 최소한의 관심만 보여 준다. 자녀들은 주로 과학 분야나 옥외활동에 관심을 가지는 경향이 있다.

(3) 수용형

① **무관심형** : 이 유형의 부모들은 무시형의 부모에 비해서는 아이들에게 정서적인 관심을 가지지만 자녀의 요구에는 민감하지 않으며 자녀보다는 자신의 삶에 더 많은 관심을 가지고 있다. 자녀들은 주로 공학 분야나 사무직에 종사하는 경향이 있다.

② **애정형** : 이 유형의 부모들은 온정적이고 봉사적이며 자녀의 요구에 민감하고 적절한 기준에 자녀를 지도한다. 또한 자녀를 도와주지만 무조건적이지는 않다. 자녀들은 주로 서비스직이나 사람과 접촉을 많이 하는 직업을 선택하는 경향이 있다.

Roe는 타인과의 상호작용과 관련지어 직업을 크게 인간중심적 직업과 사물중심적 직업으로 분류하였다. 인간중심적 직업은 애정이나 소속감과 같은 욕구체계에 영향을 받은 것으로 서비스직, 일반 문화적, 예술이나 연예 관련 직종이 여기에 속한다. 반면 사물중심적 직업은 안정감과 같은 욕구체계에 영향을 받은 것으로 사람과 관련이 없는 사물이나 활동을 선호하며 기술직, 실외직, 과학 관련 직종이 여기에 속한다. 따라서 Roe는 사람들과 함께 일하는 것을 좋아하는 사람은 어릴 때 부모의 따뜻한 양육을 받은 사람이고, 혼자서 일하는 것을 좋아하는 사람은 어릴 때 부모로부터 거부를 받았거나 또는 냉정한 부모 밑에서 양육되었기 때문이라고 가정하고 있다.

Roe의 이론은 이를 지지해 줄 만한 경험적 자료가 불충분하고 부모의 태도와 가족의 상호작용의 유형이 매우 복잡하고 다양하다는 점을 간과하였으며 부모의 자녀 양육태도 외에 직업선택에 미치는 다른 많은 요인들을 무시하였다는 점에서

비판을 받고 있다. 그러나 Roe의 이론은 성격심리학을 진로발달에 적용하였으며 진로발달에 있어서 아동기의 욕구충족과 부모와의 상호작용에 대한 중요성을 인정하고 주목하였으므로 진로에 미친 가족관계 내지 가족환경의 영향력에 대한 견해에 영향을 미치게 되었다는 점에서 주목을 받고 있다.

3) Holland의 유형론

Holland의 이론은 여러 직업에 종사하는 사람들에 대한 정보와 직무환경에 관한 정보들을 통합한 하나의 이론이다. 사람들이 어떻게 직업적 기회와 진로동기를 갖게 되며, 또 사람들의 직무 만족도와 직업적 성취도를 어떻게 설명할 것인지 해답을 얻기 위해 개발된 이론이다.

Holland(1985)는 개인의 성격유형이 진로선택과 진로발달에 중요한 영향을 끼친다고 보았다. 따라서 개인의 직업적 흥미는 곧 그 사람이 가진 성격의 표현이라고 주장하였다. 성격유형과 환경간의 좋은 결합이 이루어지면 개인은 그 직무환경에서 잘 적응하고 자신의 능력을 발휘하며 성장할 수 있다고 본다. 또한 동일 직업에 종사하는 사람들은 서로 유사한 성격과 개인 발달사를 가지고 있으며 다양한 상황에서도 유사한 방식으로 반응할 것으로 보기 때문에, 개인의 성격과 직무환경 간의 불일치는 곧 직무 불만족, 불안정한 진로통로, 낮은 직무수행을 나타낼 것이라고 보았다.

(1) Holland의 이론

Holland의 이론은 사람들의 다양한 성격적 특성과 이에 상응하는 직업 간의 상호작용으로 인한 관련성에 초점을 두고 사람과 직업에 대한 많은 양의 정보를 구조화했기 때문에 구조적 – 상호작용적 접근을 취하고 있다고 말할 수 있다. 이러한 구조적 – 상호작용적 접근들이 가지는 공통된 생각은 다음과 같다.

① 직업선택은 성격의 표현이며, 우연적 요소가 작용할 수 있지만 임의적인 것은 아니다.

② 동일 직업군에 종사하는 사람들은 서로 유사한 성격유형과 개인발달사를 가지고 있다.

③ 동일 직업군에 종사하는 사람들은 성격이 유사하므로 여러 상황이나 문제에 있어서 유사한 방식으로 반응할 것이다.

④ 직업적 성취, 안정성, 만족감은 개인의 성격과 직무환경 간의 일치 정도에 달려있다.

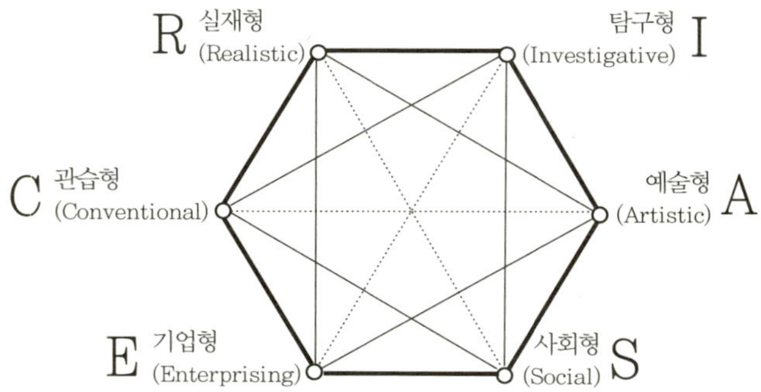

Degree of Consistency	Personality Patterns
High	RI, RC, IR, IA, AI, AS, SA, SE, ES, EC, CE
Medium	RA, RE, IS, IC, AR, AE, SI, SC, EA, ER, CS, CI
Low	RS, IE, AC, SR, EI, CA

[그림 2-4] **Holland의 진로 6각형 이론**

출처 Sharf, R. S. (2002). Applying career development theory to counseling. p 96.

Holland(1985)는 성격유형의 개인차를 개념화하여 RIASEC이라는 진로 6각형 모형을 [그림 2-4]와 같이 제시하였다. 각 개인의 성격적 특성과 환경적 특성 간의 관계, 개인 내 성격적 특성들 간의 관계를 6각형 모형에 근거하여 설명한다. 즉, 서로 인접한 유형들끼리는 심리적으로 유사하고, 대각선상에 있는 유형끼리는 가장 심리적으로 유사하지 않은 것으로 해석한다. [그림 2-4]를 통하여 Holland 이론의 기본가정을 살펴보면 다음과 같다.

① 대부분의 사람들은 6가지 직업적 성격유형, 즉 실재형(R : Realistic), 탐구형

(I : Investigative), 관습형(C : Conventional), 예술형(A : Artistic), 기업형(E : Enterprising), 사회형(S : Social)으로 분류될 수 있다.

② 우리의 직업환경이나 생활환경도 6가지, RIASEC으로 분류될 수 있다.

③ 사람들은 자신의 능력을 발휘하고 자신의 태도와 가치를 표현하며 기꺼이 자기에게 맞는 역할을 수용할 수 있게 해주는 환경을 찾기 마련이다.

④ 개인의 행동은 그 사람의 성격특성과 환경적 특성간의 상호작용에 의해 결정된다.

(2) Holland의 이론의 주요개념

이러한 6각형을 이해하고 해석하기 위하여 Holland(1985)는 다음과 같은 주요개념을 제시하였다.

① **일관도**(Consistency) : 일관도는 성격유형들 간 혹은 환경유형들 간에 이루어지는 관계의 정도를 의미한다. 6각형의 모형에서 인접해 있는 유형끼리는 가장 일관도가 높고 흥미나 성격적 특성의 관련성도 높다. 그러나 대각선에 위치한 유형끼리는 일관도가 가장 낮고 흥미나 성격특성도 거의 관련이 없다.

② **변별도**(Differentiation) : 사람이나 환경을 잘 정의할 수 있느냐는 그것의 분화 정도에 달려 있다. 한 개인이 어떤 유형과는 유사하고 다른 유형과는 유사하지 않을 경우 그것은 분화도가 높다고 할 수 있다. 간단히 정의하면 변별도는 자기지향적 검사(Self-Directed Search)나 직업선호도 검사(Vacational Preference Inventory)에서 나타난 가장 높은 점수에서 가장 낮은 점수를 뺀 값으로 표현된다.

③ **정체성**(Identitiy) : 개인의 정체성은 그 사람의 목표, 흥미, 재능에 대한 명확하고도 안정적인 상을 소유하는 것을 의미한다. 반면 환경적 정체성은 시간의 경과에도 안정적이고 명확한 직업적 목표를 가지는 것을 의미한다. 예를 들어 초등학교 때 5개의 직업을 희망할 경우 아동의 환경적 정체성은 1/5 혹은 20%라고 할 수 있다.

④ **일치도**(Congruence) : 성격유형이 다르면 환경적 요구도 다르다. 자신의 성격유형과 일치하는 환경에 사는 사람들은 익숙하고 적합한 환경 속에서 자

신이 좋아하는 행동을 표현하는 반면, 일치하지 않는 환경 속에 사는 사람은 부적절하고 인정받지 못하는 행동을 표현하는 경향이 있다. 예를 들어 성격유형이 사회형인 사람이 실재형의 직무환경에 처할 경우 성격유형과 환경간의 일치도가 낮다고 할 수 있다.

⑤ **계산**(Calculus) : 성격유형들 간 혹은 환경들 간의 모든 관련성은 6각형 모형에 근거하여 서열화될 수 있다. 유형들 간의 거리가 멀수록 심리적 유사성이나 관련성이 적다는 것을 의미한다. 즉 6각형 모형에서 거리상 인접해 있으면 둘 간의 심리적 유사성이 가장 높고 대각선상에 위치하고 있으면 심리적 유사성이 가장 낮다고 할 수 있다.

이상과 같이 오늘날 가장 널리 알려져 있는 이론 중의 하나인 Holland의 이론과 6각형 모형은 수많은 직업들로 구성된 직업의 세계에 대한 개요를 잘 요약해 주며 내담자가 스스로 자기탐색을 할 수 있도록 도와주는 등 매우 체계적이고 정확한 정보를 제공해 준다는 평가를 받고 있다. 아울러 진로에 있어서 개인－환경의 상호작용에 대한 이해를 강조하고, 단순하고 재미있고 유용한 도구들을 사용함으로써 누구나 쉽게 진로에 접근할 수 있다는 장점을 가지고 있다. 그렇지만, 그의 이론은 다음과 같은 비판도 받고 있다. 관습형(C)에서는 여성이, 실재형(R)에서는 남성이 높은 점수를 받음으로써 남녀 차별적이라는 점, 성격의 발달과 변화에 대한 충분한 설명을 제공해 주지 못한다는 점, 상대적으로 진로상담의 필요성을 과소평가한다는 점 등이 지적되고 있다. 또한 개인–직업 연결모형은 정적이고 다소 시대에 뒤떨어진 것이며 복합적인 진로문제를 다루기에는 너무 단순한 이론이라는 비판을 받고 있다.

4 사회학습 접근

진로발달에 대한 대부분의 접근들이 타고난 능력, 성격, 심리적 과정에 초점을 둔 반면, 사회학습적 접근에서는 Bandura의 영향을 받아 직업이나 전공의 선택을 개인의 독특한 학습경험과 과제접근기술을 중심으로 설명한다.

Krumboltz는 강화이론과 고전적 행동주의에 근거한 사회학습이론을 진로의사결정과 관련시켜 설명한 대표적인 사람이다.

Krumboltz와 그의 동료들은 Bandura의 사회학습적 관점에 근거하여 개인들이 어떻게 진로의사결정을 하는지에 대한 이론을 개발하였다. 그들은 진로의사결정시 작용하는 행동과 인지의 중요성을 강조함으로써 개인으로 하여금 자신의 문제를 개념화하고 대안을 효과적으로 탐색하도록 도와주기 위한 다양한 진로의사결정기법을 제시하였다. Krumboltz는 사람들이 어떻게 진로를 선택하는지, 왜 특정한 전공이나 직업을 선택하게 되는지를 설명하고자 하였다. 그는 개인의 진로의사결정에 영향을 미치는 요인으로 유전적 요소, 환경적 조건과 사건, 학습경험, 과제접근기술을 제시하였다.

첫째, 유전적 요소란 신체적 외모, 질병 경향성과 같이 학습보다는 타고난 개인의 어떤 측면을 말한다. 일반적으로 음악, 미술, 운동 등의 영역에서는 개인의 타고난 유전적 요인이 많을수록 이후 학습과 교수에 대해 더 잘 반응하는 경향이 있다고 알려져 있다.

둘째, 여러 가지 환경적 조건들은 개인의 통제 밖에 있으나 역시 개인의 진로의사결정에 중대한 영향을 준다. Krumboltz는 개인의 진로의사결정에 영향을 주는 조건을 사회적 · 교육적 · 직업적 조건으로 구분하였다. 사회에서 일어나는 변화는 개인이 선택할 수 있는 직업적 대안에 영향을 준다. 부모의 교육열의와 재정능력, 학교체계, 교사의 영향, 훈련기회 등은 직업선택에 직간접적으로 영향을 준다. 직업기회와 직업의 본질, 직업에서 요구하는 교육조건도 개인의 직업선택에 중요한 영향을 준다.

셋째, Krumboltz에 의하면 한 개인이 특정 직업에 대해 가지는 선호도는 이전의 학습경험의 결과라고 보았다. 개인은 자신의 진로의사결정에 영향을 준 많은 선행 학습을 가지고 있다. 각자의 경험이 매우 다양하기 때문에 개인이 가진 학습경험 또한 독특하다고 할 수 있다. Krumboltz는 학습경험을 크게 3가지, 즉 도구적 학습경험, 연합적 학습경험, 대리경험으로 구분하였다. 예를 들어, 연합적 학습경험은 이전에는 중립적이었던 상황이 긍정적 혹은 부정적 상황과 연합될 때 일어난다. 병원에서 사랑하는 사람의 죽음을 경험한 사람이 이후 의료 관련 직업에 종사하고자 하는 것이 그 예라 할 수 있다.

마지막으로, 한 개인이 과제에 어떻게 접근하느냐를 이해하는 것은 진로의사결정시 매우 중요하다. 과제접근기술에는 문제인식능력, 정확한 결정능력, 대안의 형성 및 일반화 능력, 직업정보 수집능력, 정보변별능력, 의사결정행동을 수행하는 능력 등이 포함된다. 개인의 과제접근 방법은 선행경험에 달려 있으며 그 과제의 결과에 영향을 준다. Krumboltz는 한 개인의 생애에 걸친 독특한 학습경험이 진로선택에 매우 중요한 역할을 한다고 보았다. 개인은 독특한 학습경험을 통해 자기 자신과 세계에 대한 신념을 가지게 되고 이러한 신념은 새로운 기술을 학습하거나 직업적 포부의 형성 및 직업적 행동에 직접적으로 영향을 미치게 된다. Krumboltz는 이러한 학습경험의 결과로 인해 자기 자신에 대한 일반화와 세계관 일반화를 하게 된다고 주장하였다.

지금까지 설명한 Krumboltz의 접근은 학습경험과 과제접근기술을 강조함으로써 폭넓은 학습경험이 진로발달에 얼마나 중요한가를 제시하였으며, 진로교육을 위해 많은 시사점을 제공해 준다. 진로의사 결정과정에 환경적 요인, 특히 사회경제적 요인의 영향과 개인의 인지적 과정을 강조한 점도 이 접근의 의의라고 할 수 있다. 그러나 Krumboltz의 접근이 학습을 지나치게 강조한다는 비판과 아울러 그의 이론의 주요개념 중의 하나인 과제접근기술을 향상시키기 위한 기술 등에 대한 연구가 부족하다는 비판을 받고 있다.

5 사회인지 진로이론

1) Bandura

사회인지적 접근에 따른 진로이론은 진로에 대한 한 개인의 자기효능감을 다룬다. 진로에 대한 자기효능감은 Krumboltz와 Bandura의 사회학습이론에 바탕을 두고 있다. 두 이론 모두 환경, 개인, 행동의 상호작용에 초점을 두고 진로의사결정과 진로발달에 있어서 학습경험의 역할을 강조했다는 공통점을 가지고 있다. 특히 진로 자기효능감 이론은 여성의 진로발달과 남녀 간의 진로발달의 차이를 설명하는데 유용한 이론으로 평가받고 있다.

Bandura는 자기효능감을 특정 수행에 필요한 행동과정을 조직하고 집행하는 개인의 능력에 대한 스스로의 판단이라고 정의한다. Bandura에 의하면, 4가지 원천, 즉 수행성취, 모방학습, 정서적 각성, 언어적 설득이나 격려 등을 통해 사람들이 자기효능감에 관한 정보를 획득한다고 하였다.

2) Hackett과 Betz

사회인지 진로모형(social cognitive career theory)은 1980년대를 전후하여 Bandura의 사회인지이론을 바탕으로 Hackett과 Betz(1981)가 여성의 진로발달 및 선택을 설명하려는 시도에서 만들어진 진로이론이다. 이 이론에서 강조하는 자기효능감은 진로발달과 선택에서 진로와 관련된 자신에 대한 평가와 믿음이라는 인지적 측면의 역할에 대한 중요성이었다. 구체적으로 인지적 측면은 결과기대와 개인적 목표라는 개념이며 결과기대와 목표의 두 개념이 자기효능감과 상호작용하여 한 개인이 스스로 진로 관련 행동의 방향을 결정짓게 될 것이라고 하였다.

사회인지 진로모형은 흥미발달모형, 선택모형, 수행모형의 3가지 진로모형을 제시한다. 선택모형은 흥미발달과 수행모형을 내포하고 있는 모형이다. 사회인지 진로모형에서는 흥미가 자기효능감과 결과 기대에 의해 직접적으로 형성된다고 설명한다. 이렇게 형성된 흥미가 진로와 관련하여 진로선택으로 이어지는 과정을 설명한 것이 선택모형으로 이것을 [그림 2-5]에 제시하였다. 선택모형에서는 개인변인, 맥락변인이 진로 관련 선택에 직간접적으로 영향을 미친다.

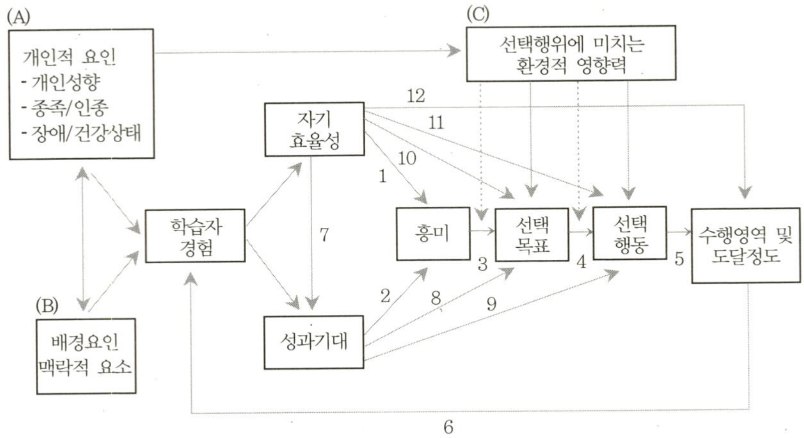

[그림 2-5] 사회인지 진로모형에서의 선택모형

출처 : Sharf, R. S. (2002). Applying career development theory to counseling. p 360.

[그림 2-5]를 통해서 보듯이, 한 개인이 특정 영역에서 자신감을 얻고(자기효능감의 획득) 그 영역에서의 성취를 통해서 강화물을 얻을 수 있을 것이라고 믿을 때(결과기대) 이것은 특정 영역과 관련된 진로흥미의 발달에 직접적인 영향을 준다. 특정 영역에 대해 향상된 흥미와 자기효능감, 결과 기대는 해당 영역의 활동에 계속적으로 참여하고자 하는 의도를 증가시키고 활동의 내용도 좀 더 높은 수준의 선택으로 이동된다(목표형성). 이렇게 형성된 목표에 따라 무엇을 해야 할지를 결정하고 행동에 옮기는 실행이 일어난다. 이와 같이 목표달성을 위하여 실행에 옮긴 한 개인은 자신의 수행에 따른 결과(실제 성취)를 얻을 것이라고 주장한다.

6 사회학적 접근

사회학자들은 제도화된 집단 내에서의 인간의 행동, 사회 구성원의 행동과 신념을 지배하는 일반 원리 등을 연구하고자 하였다. 이들은 개인을 둘러싸고 있는 사회, 경제, 문화적 환경이 곧 개인의 진로선택 및 진로발달에 영향을 준다고 본다. 따라서 개인의 속성을 중요시하는 심리학적인 관점과 달리, 진로에 대한 사회학적 관점은 심리학의 경계를 초월하여 사회조직과 제도를 모두 포함하며 사회적 요소가 직무환경에 미치는 영향, 개인의 진로결정에 제약을 가하는 사회구조나 직무구조의 영향 등을 강조한다. 이런 점에서 사회학적 접근을 취하고 있는 지위성취이론과 경제학적 배경에 근거하고 있는 인간자본이론을 간략하게 살펴보기로 한다.

1) 지위성취이론

지위성취이론(Status Attainment Theory)은 직업선택에 영향을 미치는 사회경제적 지위와 성취에 주목한다. Blau와 Duncan(1967)은 수직이동이라고 불렀던 세대 간 지위의 변화를 연구하여 부모의 직업을 통해 자녀의 직업적 지위를 예측하고자 하였다. 특히 Blau와 Duncan은 아버지의 직업과 교육수준을 통해 자녀의 최초의 직업과 현재 직업이 갖는 사회경제적 지위를 예측할 수 있다고 하였다.

Duncan 등은 부모의 사회경제적 지위가 자녀의 학교교육의 수준을 결정하고 나아가 이러한 학교교육의 수준이 직업수준에도 영향을 미친다는 것을 하나의 모형으로 제시하였다. 이 때 학교교육은 부모의 지위와 자녀의 직업적 지위의 중재변인으로 작용할 수 있음을 시사하였다. 지위성취이론 모형을 [그림 2-6]에 제시하였다.

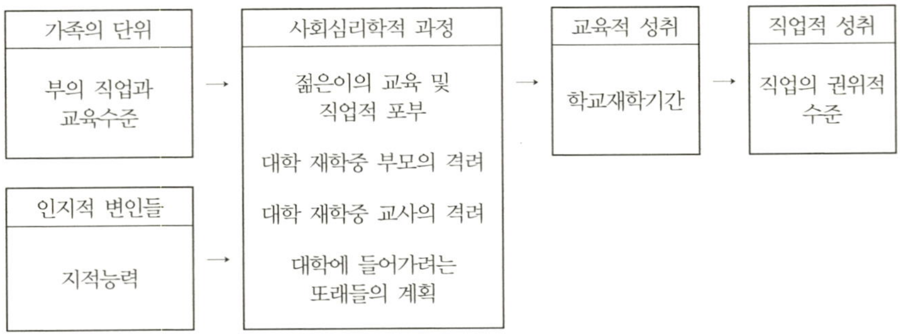

[그림 2-6] **지위성취이론**

출처 : Sharf, R. S. (2002). Applying career development theory to counseling. p 423.

지위성취이론 모형의 기본원리는 부모의 지위가 다음세대인 자녀의 직업수준에 영향을 준다는 것이다. 초기의 모델이 발전하여 부모의 지위 외에도 교사나 친구와 같은 중요한 타인의 교육에 대한 태도 등이 포함되었다. 이러한 관점을 지지하는 많은 연구들이 수행되었으나 이 이론은 지위성취에 대한 부분적인 설명만을 제공한다는 지적을 받고 있다. 그 밖에도 사회구조가 개인의 특징과 어떻게 상호작용하는지를 다루지 않았고, 사회의 변화로 인해 성공적인 진로에 대한 가치관의 변화를 간과하였다는 비판을 받고 있다.

2) 인간자본이론

인간자본이론(Human Capital Theory)은 경제이론에 바탕을 둔 것으로 개인은 자신의 생산성을 향상시키기 위해 투자한다는 생각에 기초하고 있다. 즉 개인마다 선호도와 능력이 다르기 때문에 각자 자신의 수입을 최대화시키기 위해 교육과 훈련에 투자한다는 것이다. 교육은 일종의 투자로서 적절한 직무경험과 결합될 때 자신이 원하는 수입을 창출할 수 있다. 이 이론에 의하면, 개인은 이윤을 최대화하는 회사와 같으며 결국, 개인의 수입은 능력, 교육, 훈련의 함수라고 본다(Becker, 1964).

인간자본이론에 따르면, 개인은 자신을 최상의 존재로 만들어 줄 직업, 학교교육의 양, 학교의 유형을 고려하여 진로선택을 한다고 간주한다. 즉 자신의 전체적인 조건과 직업의 특징을 합리적으로 연결하여 자신의 진로를 선택한다. 궁극적으로 인간자본이론은 생산성의 극대화를 위해 개인과 사회 모두에게 최적의 결과를 가져오는 것을 목표로 할 수 있다.

인간자본이론과 진로발달이론은 개인의 요구와 직업의 요구를 연결시키고자 한다는 점에서는 공통점을 가지고 있다. 그러나 인간자본이론은 직무의 특징으로 금전적인 수입을 강조하고 진로선택을 장기적인 투자의 과정으로 생각하는 반면, 진로발달이론은 직무만족도와 성공을 강조한다는 점에서 차이가 있다.

경제이론에 바탕을 둔 진로발달이론인 인간자본이론은 개인에 따라 진로목표가 다를 수 있는데 이를 무시하고 지나치게 금전적인 보상만을 목표로 한다는 비난을 받고 있다. 그리고 이 이론은 노동시장이 모든 사람에게 개방되어 있다는 것을 전제로 하는데 현실적으로, 여성이나 특정한 사람들에게는 노동시장이 매우 제한적이라는 사실을 간과하였다는 비판을 받고 있다.

3) 우연이론

대부분의 진로이론들이 진로행동을 예언 가능한 것으로 보고 구조화하려고 한 반면, 우연이론은 합리적인 계획하의 진로선택이나 행동을 깨뜨리는 예기치 못한 사건에 의해 진로발달이 이루어지기도 한다는 점에 주목한 이론이다. 따라서 우연이론은 우연한 만남, 우연한 사건, 우연한 기회 등이 어떻게 개인의 진로행동에 변화를 초래하는가의 측면에서 진로발달을 설명하고자 한다.

Bandura는 우리가 살아가면서 우연히 접하게 되는 여러 가지 만남이나 기회가 개인과 사회적 요인의 상호작용에 의해 개인의 인생경로에 중요한 역할을 한다고 주장하였다. 우연히 자신에게 결정적인 영향을 줄 수 있는 책을 읽거나, 사람을 만나거나, 사건을 접하게 되는데 이 때 사회계층, 가족배경, 지리적 조건 등이 이러한 우연한 만남의 기회를 증가시키기도 혹은 감소시키기도 한다. 따라서 Bandura는 사람들이 의도적으로 특정한 경험을 하기 위해 계획을 세우고 실행을 하기도 하지만, 상당한 부분이 우연적인 요소들에 의해 결정된다고 보고 이는 심리학적 관점으로는 설명될 수 없다고 하였다.

많은 경우 전문직에 종사하는 사람들은 자신의 직업에 대한 철저한 계획과 준비를 통해 취업하는 경향이 많은 반면 비숙련된 직업의 종사자들은 우연한 기회의 영향을 상대적으로 많이 받는다고 하였다. 또한 외적 통제를 하는 사람들이 내적 통제를 하는 사람들보다 우연적인 만남에 더 많은 영향을 받는 경향이 있는 것으로 알려지고 있다. 어떤 면에서 진로결정은 완전히 이성적인 것도 아니며 완전히 우연적인 것도 아니기 때문에 계획에 의한 부분과 우연적인 부분이 결합되어 개인의 진로를 형성한다고 볼 수 있다. 특히 인생의 전환기나 진로발달상에서 초기단계에 우연적 요소의 영향을 받기 쉬운 경향이 있다.

우연이론은 개인의 전체적인 진로발달의 양상을 설명해 주는 데는 한계가 있다고 할 수 있지만 심리학적인 설명이 되지 않는 부분, 즉 우연적 사건이나 사람, 기회적 요인들이 개인에 따라 진로선택과 진로발달에 결정적인 영향을 주기도 한다는 사실에 주목한 점은 인정받고 있다.

제3장

초등학교 진로교육

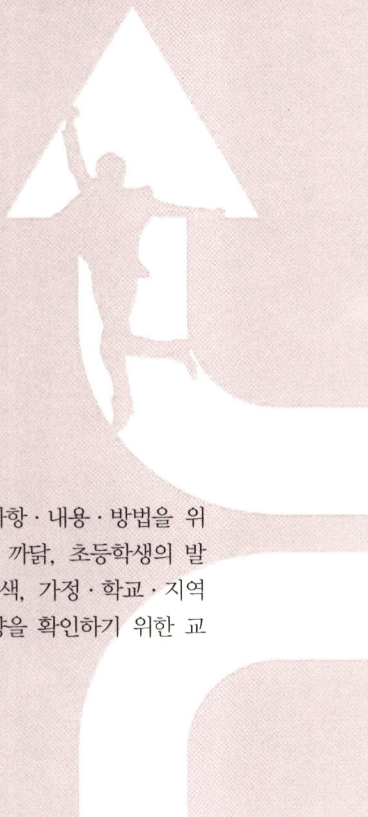

이 장에서는 초등학교에서 진로교육을 실시할 때 필요한 고려사항 · 내용 · 방법을 위주로 서술하였다. 이런 이유로 초등학생에게 진로교육이 필요한 까닭, 초등학생의 발달특성을 고려한 진로교육의 방향 설정을 위한 진로관련 변인탐색, 가정 · 학교 · 지역사회를 통한 초등학교 진로교육의 방안, 그리고 진로교육의 방향을 확인하기 위한 교과서 분석, 마지막으로 진로교육의 평가 방법을 제시하였다.

1 진로교육의 필요성

초등학교의 수준에서 진로교육이 왜 필요하고 중요한지를 알아보기 위하여 진로지도의 내용으로 직업 세계의 복잡성, 직업 준비의 복잡성, 포괄적인 진로개념 개발의 필요성, 직업적 흥미의 동기부여 효과, 전체 발달에서 진로개발의 중요성, 인적자원 개발에서의 진로지도의 중요성, 그리고 혜택을 받지 못한 학생들을 위한 진로지도의 중요성, 중학교 진로교육과의 연계성 등을 제시할 수 있을 것이다. 이러한 내용을 하나씩 좀 더 구체적으로 알아보기로 한다.

1) 직업 세계의 복잡성

진로지도의 필요성은 직업 세계의 범위가 넓어지고 복잡하기 때문이다. 한국도 현재 11,655개의 직업이 존재하는 것으로 한국직업사전(2012)에 나타나 있다. 직업 세계의 복잡성은 전통적 직업들과 이 직업의 훈련 요구사항의 특성 변화, 새로운 직업의 등장과 오래된 직업의 소멸, 경제 및 산업 구조의 변화, 그리고 예측 불가능한 많은 요소로 인하여 증가되었다. 현재는 일자리의 감소에 따른 고용 없는 성장이 나타나고 있다. 이와 같은 복잡성에 대처하려면 준비는 빨리 시작되어야 한다. 초등학교도 이러한 세상의 변화에 책임을 인식하고 공유할 필요가 있기 때문이다.

2) 직업 준비의 복잡성

비숙련과 반숙련 직업의 감소는 전형적으로 고등학교를 졸업한 젊은이들을 위한 초기의 고용 기회를 제한하고 있다. 또한 젊은이들은 자신의 부모가 걸었던 길을 따라 가지 않으려고 한다. 현재는 대학에서의 준비과정마저도 전문직의 전문가들에게 요구되는 특성을 충족시키지 못하고 있다. 우리는 젊은이들이 직업 선택과 준비의 복잡함에 대처하도록 준비시킬 수 있고, 이러한 훈련은 초등학교 진로교육에 반영되어야 한다.

3) 포괄적인 진로개념 개발

매우 소수의 젊은이들이 완전 고용이 의미하는 바가 무엇인지에 대한 현실적인 개념을 갖고 직업 세계에 들어간다. 직업분석적인 것에서 삶의 방식으로서의 직업의 관점으로 직업에 대한 개념을 확장시킬 필요성이 있다. 이러한 확장은 초등학교 시기부터 시작되어야 한다.

4) 동기부여 효과

직업 세계와 삶을 이어주는 교육이 더욱 의미가 있을 것이라는 사실에는 의심의 여지가 없다. 초등학교 교사는 의미 있는 진로요소와 경험을 교육의 장면에서 통합함으로써 학생들에게 동기를 부여할 수 있다.

5) 삶의 전체발달로서의 진로발달

다양한 교육적 시도가 많았지만 초등학교 시기의 진로교육에 대한 관심이 상대적으로 부족하였다. 개인의 전인적 성장을 위해 교육적 · 직업적 · 사회적 그리고 개인적 요소들을 통합하는 교육 프로그램들이 필요하다. 이런 통합적 요소에 진로지도가 제일 크게 기여할 것이다.

6) 인적자원 개발

학교를 졸업한 젊은이의 높은 이직률과 학교 중퇴에 관한 데이터는 직업적 불확실성을 반영하고 있다. 이러한 유동성은 사람들을 좌절시킬 뿐만 아니라 사회적 손실을 초래한다. 아동이 그의 잠재력이 무엇인지 깨닫도록 돕는 프로그램들은 인적자원 개발과 사회의 인력 활용에 기여하는 것이다.

7) 혜택받지 못한 학생들에 대한 중요성

교육적 기회의 평등성 제공이라는 측면에서 빈곤한 환경에서 자란 청년들을 위한 진로개발 촉진 프로그램의 중요성은 아무리 강조되어도 지나치지 않는다. 이른 시기에 학교를 떠난 청년들의 관점에서 본다면 중학교 청소년들에 집중되어 있는 진로지도 프로그램은 시기적으로 늦다. 빈곤층의 젊은이들이 학교를 계속 다니고 있는 상황에서도 중학교 수준에서 습관과 태도를 바꾸거나 성격을 변화시키는 것은 매우 어렵다. 다양한 연구의 결과로 볼 때, 학교 중퇴 문제와 저성취 문제, 그리고 그로 인한 재능 낭비는 초기 학교 교육과 학생들의 어린 시절 경험에 그 기반이 있는 것으로 나타났다.

8) 현대사회의 변화

메가트렌드란 전 세계사적으로 사회의 변화를 몰고 오는 거대요인을 지칭하는 말이다. 현대사회의 메가트렌드는 물질적이고 경쟁적인 삶에서 완만성, 공유성, 정신적 가치를 추구하는 가치의 확산, 저출산 고령화, 첨단과학기술 발전의 가속화 현상, 사이버페이스 기반의 네트워킹 강화, 기후변화 등의 방향으로 흐른다. 이러한 변화는 초등학교 수준에서부터 기반을 설정하지 않으면 따라가기 힘든 내용이다.

9) 한국사회와 진로

한국사회는 지나친 안정 중심의 진로의식과 태도가 확고하다. 또한 직업에 대한 정보가 부족하고 직업에 대한 편향된 태도가 뚜렷하며 초·중·고교생을 대상으로 설문조사를 해보면 선호하는 직업의 가지 수가 15개를 넘어가지 못한다. 또한 맹목적일 정도의 대학진학 선호도를 보이고 있다. 이러한 직업에 대한 편파적 태도와 가치들이 수정되려면 적어도 초등학교 수준에서의 진로교육이 필요하다.

10) 중학교 진로교육과의 연계성

초등학교에서 의미 있는 진로지도 프로그램으로 교육을 받았다면 이것은 중학교 진로지도 프로그램의 잠재력을 증가시키는데 기여할 것이다. 초등학교에서는 중학교 수준에서 이루어지는 진로교육 내용의 기초를 확실히 제공해야 하며, 교육의 연속성과 전체적인 경험의 통합성이라는 차원에서 진로교육이 설계되어야 한다. 따라서 초등학교 진로지도 프로그램이 좋을수록 중학교 진로지도 프로그램은 효과적으로 운영될 수 있을 것이다.

11) 창조적 진로교육의 필요성

창조적 진로교육이란 기존의 진로교육적 관점에 입각해서 직업유형이나 사람들의 특성을 고정적으로 받아들임으로써 기존의 직업세계에 사람을 맞추는 것이 아니라, 스스로 자신의 직업을 만들어내는 창조적인 역량과 아이디어 및 창업가 정신을 심어주는 진로교육을 말한다. 이렇게 될 때 유동적이고 변화무쌍한 직업사회에서 자신의 능력을 발휘하면서 존중받고 살 수 있다. 이런 창조적 태도와 정신은 초기의 교육적 노력 없이 형성될 수 없다.

2 아동기의 진로특성

본 서의 아동기란 조직적인 학교생활이 시작되는 초등학교 1학년부터 졸업하는 6년간의 시기를 말한다. 진로교육과 관련된 아동기의 구분은 현실적으로 전기(1~2학년), 중기(3~4학년), 후기(5~6학년)의 3기로 구분한다. 아동기 동안 진로와 관련된 발달특징, 흥미, 직업자아개념, 진로성숙, 가치의 영향, 가족과의 상호작용, 성별차의 영향력과 관련된 변인들을 중심으로 살펴보기로 한다.

1) 환상기

초등학교에 입학하면서 아동들은 일의 세계를 개념화하기 시작한다. 이들은 부모의 직업 활동을 관찰하기 시작하며 학교에서 그들이 각자 관찰하였던 것을 논의하기도 한다. 이 시기 아동들은 부모의 직업활동은 물론 부모와의 상호작용에 많은 영향을 받게 된다. 또한 아동들은 그들의 주위 환경을 둘러싸고 있는 여러 직업들에 관해서도 많은 관심을 가지게 되며, 이 세상에 직업의 종류는 매우 많으며 직업은 사람들이 선택하는 것이라는 것도 깨닫게 된다.

초등학교 시기의 진로발달단계를 환상기라고 부를 수 있다. Super는 이 단계를 4세에서 10세 사이의 아동으로 보고 있으며, Ginzberg와 그의 동료들은 6세에서 11세 사이로 보고 있다. 이 시기 아동들은 많은 직업적 선택에 대해서 설명할 수 있으며, 때때로 이들은 부모의 역할과 직업들에 대한 나름대로의 선택을 할 수도 있는데, 이것이 아동기 이후 그들의 진로 선택에 큰 영향을 미칠 수 있을 것이다. 아동기의 남아들은 신체적 활동이 포함된 직업을 선택하는 반면, 여아들은 사람들과 함께 할 수 있는 직업을 선택하는 경향을 가지고 있다. 직업인들 중에서 힘 있고, 기술적이고, 용기 있는 것과 관련된 것은 이 시기 아동들에게 선망의 대상이 될 수 있다. 이 시기에는 자신의 실제 능력보다는 단지 흥미롭고 즐겁기 때문에 직업으로 선택된다. 아동기의 이러한 경향에 대해 Gottfredson(1981)은 진로발달에서 초기 단계를 크기와 힘에 의존하는 단계로 보았다. 이는 아동들이 이해하고 있는 성인이 주로 힘과 크기를 통하여 설명될 수 있기 때문이다.

아동들의 직업적 선호도는 중기 아동기를 통한 그들의 경험과 지식에 근거하고 있다. 아동들의 대부분은 직업을 선택하는데 있어서 현실적으로 어떠한 어려움이 있는지에 대해서는 거의 인식하지 못하며, 단지 현재 어떠한 욕구를 가지고 있는지 그리고 원하는 것이 무엇인지에 따라서 직업을 선택하는 경향이 있다. 또한 아동들은 각각의 직업이 어떠한 규칙을 가지고 있는지에 대해서도 거의 인식하지 못한다. 이는 남아와 여아에게 있어서 공통적으로 나타나는 현상이다. 4세 또는 5세인 초기 아동기의 아이들은 남성과 여성의 성차에 대해서 인식하며 남성적인 것과 여성적인 것을 구분하고 남자가 하는 일 여자가 하는 일을 나누기 시작한다. Gottfredson은 6세에서 8세 사이의 아동을 진로발달에 있어서 두 번째 단계로 보고 있는데, 성역할에 기인하는 진로발달단계, 다시 말해서 성에 따른 자기 인식 단계로 설명하고 있다. 또한 4세에서 5세 이후의 아동들은 자신만의 목적을 세울 수 있게 된다. 예를 들면, 언제쯤 결혼할 것인지, 아이는 몇 명을 가질 것인지, 그리고 앞으로 어떠한 직업을 가질 것이며, 어떻게 가족들과 생활할 것인지에 관해서 생각할 수 있다.

초기 아동기 동안 가정환경과 부모와의 관계는 진로발달에 있어서 매우 중요한 요인이 된다. 긍정적인 환경에서 성장한 아동들은 그렇지 않은 아동들에 비해서 그들의 미래 진로에 대해서 좀 더 많은 생각을 하게 된다. 반면에 특히 아버지와 빈약한 관계를 맺고 있는 아동들은 진로에 관해서 매우 낮은 관심을 나타낸다. 따라서 환상기에 있는 아동을 위해서 성인들은 다양한 직업과 일에 대한 정보를 제공해 주어야 하며, 직업에 있어서 실제적인 측면들을 설명해 줄 수 있어야 할 것이다.

2) 흥미

아동들이 10세에서 12세가 되었을 때, 이들은 직업에 대한 환상을 가지기보다는 그들의 흥미를 위주로 직업을 생각하게 된다. 아동들은 진로 목표를 세우게 될 때 그들이 좋아하는지 좋아하지 않는지에 비추어 결정하게 된다. 예를 들어 7세 아동과 12세 아동이 모두 야구 선수가 되기를 바란다고 하지만, 각각 선택의 이유는 다르다. 다시 말해서 7세 아동은 야구 선수가 되려는 이유가 야구 선수를 그의 영웅으로 두고 있기 때문이지만, 12세 아동은 야구에 흥미를 느끼고 그것을 좋아하기 때문이라고 서로 다른 이유를 제시한다.

3) 직업적 자아개념

9세가 되면서 아동들은 자신에 대한 유능감이 형성되기 시작한다. 9세 아동의 80% 이상이 자신이 무엇을 잘 할 수 있는가에 대해서 말할 수 있으며, 75% 정도가 다른 것들과 관련하여 어떤 일을 수행할 때 어떠한 방법으로 일을 해야 하는지를 알고 있으며, 약 42% 정도가 자신이 가지고 있는 능력을 향상시키려면 어떻게 해야 하는지를 알고 있다. 9세가 되면서 아동들은 직업과 관련된 활동에는 어떠한 것이 있는지를 개념화할 수 있으며, 또한 자신이 잘하는 일은 어떠한 직업군과 관련이 있는지에 관해서도 파악할 수 있게 된다. 그러나 이 시기의 아동들은 여전히 진로발달에 있어서 책임감에 대해서 잘 인식하지 못하며, 자신의 견해보다는 부모나 권위자의 견해에 따라 직업을 선택하려는 경향이 있다.

흥미 단계 동안, 아동들의 직업적 자아개념은 좀 더 분명해진다. 부모의 영향력이 점차 줄어들고, 그 외 다른 영향력들이 점점 증가하게 된다. 10세가 되면 대부분의 아동들은 그들의 미래에 대해서 생각하게 되고, 미래 어떤 직업을 선택할 것인지에 대해서도 생각하게 된다. 12세가 되면 대부분의 아동들은 그들의 미래 직업을 선택할 수 있으며 선택의 이유에 대해서도 설명할 수 있게 된다.

4) 진로성숙

진로발달단계가 연령과 관련되어 있음에도 불구하고 진로성숙은 각 개인에 따라 매우 다르게 나타날 수 있다. 전형적인 예로, 고등교육을 받은 부모의 밑에서 양육된 여아들은 그 시기의 남아들에 비해서 지적으로 좀 더 성숙하며 따라서 진로성숙 역시 높게 나타난다. 직업의 세계에 아동을 노출시키는 것은 아동들의 진로발달에 매우 중요하며, 특히 진로정보의 획득에 많은 영향을 미친다. 직업에 관한 아동들의 지식은 다양한 직업을 많이 알면 알수록 증가하며, 따라서 책을 읽는다든지, 영화를 본다든지 또는 TV를 보는 것은 이러한 직업을 더 많이 알도록 하는데 도움을 줄 수 있다, 특히 TV에서 여성들이 변호사, 의사, 물리학자, 저널리스트 등으로 등장했던 빈도수가 높을수록 전통적인 직업관에 머물고 있던 아동들의 사고를 탈피시키는 데 많은 도움을 줄 수 있다고 한다.

5) 진로와 가치

흥미와 가치는 직업수행과 관련지어 초등학교 이후에 분명히 드러나는 요인으로 볼 수 있다. Gottfredson(1981)은 진로발달에서 이 시기를 사회적 가치에 근거를 두는 단계로 보고 있다. 9세에서 13세 사이의 아동들이 사회계층, 능력, 또는 감정과 같은 추상적인 개념에 대해서 이해할 수 있는 능력이 생기는데 기인하고 있다. 특히 4학년에서 6학년 사이에 있는 아동들에게 있어서 중요한 직업적 가치로는 보수, 지위와 명예, 직업 환경, 일에 있어서 독립성 보장과 일을 통한 자기의 표현 등을 들 수 있다.

초기 아동기에 형성된 직업 가치관은 이후 진로발달에 있어서도 지속되는 경향을 보이고 있다. 특히 낮은 사회 계층과 경제적 지위를 가진 아동의 경우 자신이 현재 속해 있는 것보다 높은 지위를 획득할 수 있는 직업을 선호하는 경향이 있다는 것을 알 수 있다. 대부분의 아동에게 있어서 직업 선택은 사회 공헌 여부가 큰 영향을 미친다고 할 수 있다. 그러나 이러한 경향성은 아동이 6학년 이후가 되면서 점차 그 영향력이 줄어들며, 대신 직업에 있어서 경제적인 상태가 중요한 요인으로 등장하게 된다.

6) 진로와 가족

대부분의 10세 아동들은 자신의 목표가 무엇인지를 정확하게 인식할 수 있다, 이들은 그들이 20세에서 30세가 되면 결혼을 하고 아이를 가지는 가정을 꾸리는 사람이 될 것이라는 것을 인식하고 있다. 남아 여아 모두 직업과 가정과의 관련성에 대해서 인식하기 시작한다.

아동이 점차 성장하면서 부모의 영향력은 상대적으로 줄어든다, 그러나 여전히 초기 아동기에 엄마와 아동과의 관계는 아동의 긍정적 자아개념에 많은 영향을 미친다. 특히 아동이 성장해 가면서 그들의 아버지와 어떠한 관계를 형성하였는가는 진로발달에 있어서 매우 중요한 요인이 될 수 있는데, 엄마와 긍정적인 관계를 형성한 아동의 경우에는 사람과 관련된 직업을 선호하는 경향이 있으며, 아버지와 긍정적인 관계를 형성한 아동의 경우에는 활동 지향의 직업을 선호하는 경향이 있다고 한다.

7) 성차와 진로

아동기에 있어서 성정체감의 형성과 발달은 아동의 직업 선택과 인식에 있어서 매우 많은 영향을 미친다. 4세에서 5세 사이의 아동은 직업 선택에 있어서 6세 또는 8세 아동에 비해 더욱더 전형적인 성역할에 영향을 받게 된다고 볼 수 있다. 아동들은 남성의 직업과 여성의 직업을 분리하고 이러한 직업을 서로 교환하거나 다른 영역에서 할 수 있는 것이라고 생각하지 못한다. 그러나 이러한 성차에 따른 직업에 대한 인식은 아동들이 성장함에 따라서 지식이 늘어나고 여러 가지 직업모델들이 증가함에 따라서 전통적인 성에 따른 직업을 넘어서서 이해할 수 있게 된다. 그러나 아동기에 있어서 자아개념은 분명히 성차에 많은 영향을 받고 있는데, 9세 아동의 경우 남아들은 각자가 자신이 다른 아이들에 비해서 우월하다고 생각하는 경향이 있다.

3 미국의 초등학교 진로지도 목표

미국의 국가직업정보위원회(NOICC, 1992)에서는 진로지도의 목표와 전략을 발달 수준에 따라 크게 3가지 영역인 자기에 대한 이해, 직업탐색, 진로계획으로 나누어 체계적으로 제시하고 있는데, 이 중 초등학교 진로지도의 목표를 살펴보면 다음과 같다.

1) 자기지식

(1) 성취능력 I

자아개념에서 중요한 몇 가지 지식을 파악할 수 있다.

① 자기 자신이나 타인이 가지고 있는 장점에 대해서 기술할 수 있다.
② 학교나 가정에서 적절한 행동패턴을 안다.
③ 다른 사람에 대해서 어떻게 생각하고 그것을 표현하는지에 대해서 안다.
④ 자기에 대한 긍정적인 태도를 가진다.
⑤ 자신의 흥미, 능력, 장점 및 단점에 대해서 안다.
⑥ 일을 통해서 사람들이 어떠한 욕구들을 충족시킬 수 있는지에 대해서 알며, 기본적인 방법에 대해서도 안다.

(2) 성취능력 II

타인들과의 상호작용 기술에 대해서 안다.

① 각기 사람들은 나름대로의 개성을 가지고 있음을 안다.
② 다른 사람들과 효과적으로 관계를 맺을 수 있는 기술을 안다.
③ 동료나 성인들과 어떠한 의견 충돌이 있을 때, 어떠한 행동을 취해야 하는지를 안다.
④ 집단 구성원들과 어떠한 관계를 맺어야 하는지를 안다.
⑤ 또래 압력에 대해서 이해하고 이것에 어떻게 대처해야 하는지를 안다.
⑥ 자신의 생각과 다른 의견을 가진 이들이 어떠한 압력을 행사할 때 이에 대한 적절한 행동이 어떠한 것인지를 파악할 수 있다.
⑦ 다양한 문화, 생활 방식, 태도, 능력이 존재하고 있다는 것을 이해한다.

2) 직업적 탐색

(1) 성취능력 III

성장과 변화의 중요성에 대해서 인식한다.

① 스스로가 느끼는 바를 파악할 수 있다.
② 느낌을 표현할 수 있는 방법에 대해서 안다.
③ 스트레스의 원인에 대해서 안다.
④ 특별한 감정을 느끼는 상황에서 자신이 어떻게 행동해야 하는지를 안다.
⑤ 자신과 타인들 사이에서 일어나는 충돌, 스트레스, 감정들을 어떻게 하면 건강하게 해결할 수 있는지를 안다.
⑥ 건강한 취미에 대한 지식을 가지고 있다.

(2) 성취능력 IV

교육적 성취와 영향에 대해서 인식한다.

① 가정과 주위 환경에서 자신이 학교에서 배운 학문적 지식을 어떻게 사용할 수 있는지를 안다.
② 자신이 어떤 주제에 강하고 어떤 주제에 취약한지를 안다.
③ 특정 직업 집단에서 학문적인 지식이 어떻게 사용되는지를 안다.

④ 학문적인 지식을 증진하기 위해 계획을 세워 실천할 수 있다.
⑤ 직업성공에 필요한 기술과 유사한 학교과제를 안다.
⑥ 다양한 직업들이 다양한 교육적 수준을 가지고 있다는 것을 알고 각 직업들이 어떠한 교육적 수준을 요구하는지 안다.

(3) 성취능력 V

일과 학습과의 관련성에 대해서 인식한다.

① 보수를 받고 받지 않는 것 사이에서 일에도 여러 가지 종류가 있다는 것을 안다.
② 직업준비에 대한 중요성을 인식한다.
③ 효과적인 공부법과 정보획득방법을 안다.
④ 학습, 노력, 연습에 대한 중요성에 대해서 이해한다.
⑤ 일과 관련된 학습이 어떠한 것인지를 안다.
⑥ 자신이 어떠한 직업인을 좋아하는지를 알고 그 직업인이 어떠한 역할을 하는지를 안다.

(4) 성취능력 VI

진로정보를 이해하고 사용할 수 있는 능력에 대해서 인식한다.

① 가족 구성원 및 자신의 주위에 있는 사람들이 어떠한 일을 하고 있는지를 기술할 수 있다.
② 주어진 자료와 사물, 사람을 통해서 직업을 정의할 수 있다.
③ 직업과 관련하여 흥미, 적성, 신념, 태도 등이 어떠한 관련을 맺고 있는지를 안다.
④ 자신이 속해 있는 지역 사회에 어떠한 직업들이 있는지를 기술할 수 있다.
⑤ 특정 직업이 어떠한 내외적 환경과 상황을 가지고 있는지를 정의할 수 있다.
⑥ 자기 고용(자신의 일)이 다른 곳에 고용되는 경우와 어떠한 차이가 있는지 안다.
⑦ 그들의 부모나 친구, 이웃들이 어떠한 진로정보를 제공해 줄 수 있는지를 설명할 수 있다.

(5) 성취능력 Ⅶ

일에 있어서 책임감과 좋은 일 습관에 대해서 인식한다.

① 직업을 획득하고 유지하는데 타인과의 관계가 얼마나 중요한지를 인식할 수 있다.
② 일을 수행하는데 있어서 긍정적인 방식이 어떠한 것인지를 설명할 수 있다.
③ 직무를 수행하기 위해서 타인들과의 협력에 대한 중요성을 안다.
④ 다양한 특성(인종, 나이, 성)을 가진 사람들과 함께 일하기 위해 필요한 능력들을 안다.

(6) 성취능력 Ⅷ

일의 사회적 기능 및 역할에 대해서 인식한다.

① 어떠한 방식으로 일이 사람의 욕구를 충족시켜줄 수 있는지를 안다.
② 지역 노동자들이 어떠한 생산물을 만들고 또 서비스를 제공하는지를 안다.
③ 사회 경제적인 문제를 극복하는데 일이 어떠한 도움을 줄 수 있는지 그 방법을 말할 수 있다.

3) 진로계획

(1) 성취능력 Ⅸ

의사결정방법에 대해서 이해한다.

① 선택방법에 대해서 안다.
② 실수를 대처할 수 있는 방법에 대해서 안다.
③ 목표를 성취하는데 방해가 되는 문제에 관해서 정의하고 평가할 수 있다.
④ 문제해결방법을 사용할 수 있다.
⑤ 의사결정 상황에서 타인과의 상호작용에 대해서 정의할 수 있다.
⑥ 의사결정에 영향을 주는 태도와 신념에는 어떤 것이 있는지를 안다.
⑦ 결정이 자신과 타인에게 어떠한 영향을 미치는가에 관해서 안다.

(2) 성취능력 X

생애 역할의 상호 관련성에 대해서 인식한다.

① 개인이 처하게 되는 다양한 역할에 대해서 안다.
② 집, 지역 사회, 학교에서 일과 관련된 활동에는 어떤 것이 있는지를 안다.
③ 가족 구성원들이 공유하는 책임감에는 어떤 것이 있는지를 안다.
④ 일에서의 역할과 가족에서의 역할을 상호 보완할 수 있는 방법에 대해서 기술할 수 있다.

(3) 성취능력 XI

남성과 여성의 직업에서의 역할차와 그것의 변화에 대해서 인식한다.

① 모든 사람에게 일이 중요한 것이라는 사실을 인식할 수 있다.
② 직장과 가족에서 여성과 남성의 생애 역할들이 변화되고 있음을 알고 이를 설명할 수 있다.
③ 개인에게 있어서 가정이 얼마나 중요한지에 관해서 알고 있다.

(4) 성취능력 XII

진로계획 과정에 대해서 인식한다.

① 계획의 중요성에 대해서 기술할 수 있다.
② 다양한 직업 집단에서 어떠한 기술이 필요한지를 설명할 수 있다.
③ 초등학교 수준에서 개인의 진로계획을 발달시킨다.

4 진로교육의 방법

초등학교 수준에서 이루어지는 진로교육의 방법은 크게 가정, 학교, 지역사회와의 연계교육으로 크게 구분된다. 가정은 초등학생들에게 직업인과 만나는 최초의 가장 확실하고 중요한 접촉을 제공한다. 가정에서 아이는 부모의 직업을 깊이 있게 공부할 기회 뿐만 아니라 매일의 삶 속에서 일의 중요성을 이해하는 기회를 가진다. 또한 부모들이 진로발달과 성공적인 진로목표 달성에 도움을 주는 아동의 태도와 습관의 형성에 이른 시기에 중요한 역할을 할 것이다. 그러므로 초등학교에서 직업의 학습은 주로 어린 시절 부모의 직업 세계를 탐색하는 과정과 가장 밀접하다. 이런 점에서 가정과 연계된 진로교육의 방법을 먼저 살펴보기로 한다.

1) 가정연계 진로교육

교과의 단원에 직업 세계의 소개란 영역이 있다면 학생들에게 그의 부모와 면담하여 면담한 내용을 통해서 알게 된 사실을 학급의 친구들에게 보고하도록 한다. 보고 활동과 더불어 부모의 직업을 행동으로 나타내 보거나 또는 역할놀이로 표현하기, 부모의 직업을 그림으로 묘사하기, 제스처 게임하기 활동, 직업찾기 게임 등을 통하여 부모의 직업 세계를 좀 더 분명하게 이해할 수 있는 활동을 시도한다. 이를 통하여 직업 세계의 중요성을 더 잘 알 수 있도록 교육하며 이 외에도 하나의 특별한 직업에 대해 더 많은 사실을 알게 되는 것, 직업 세계에 있는 더 많은 다른 직업들을 알게 되는 것, 좋은 직업인을 만드는 몇 가지 특징들에 대한 학습, 그리고 바람직한 직업습관을 만드는 바람직한 가정습관을 훈련하는 내용으로 가정과 연계하여 진로교육을 시도할 수 있다.

바람직한 직업습관을 형성하기 위해서는 먼저 가정생활을 통하여 직업에서 요구되는 태도를 형성시켜야 한다. 이런 이유로 집에서 훈련할 수 있는 내용을 목록화 하고 부모가 체크하여 진로교육의 효과를 높일 수 있다. 외국에서 사용되는 간단한 예를 〈표 3-1〉과 같이 제시하였다. 이러한 활동은 무엇보다 아동의 발달단계에 적절해야 할 것이다.

〈표 3-1〉 바람직한 직업습관 형성을 도우는 가정통신문

Home Worker 체크리스트

부모님께 : 각 항목의 옆에 당신의 아들, 딸이 월요일을 시작으로 해당되는 날에 성취하는 것을 체크해주십시오.

	월	화	수	목	금
1. 정해진 시각에 일어난다.					
2. 이부자리를 정리한다.					
3. 자신의 방을 정돈한다.					
4. 식시 시간을 지킨다.					
5. 식사 전에 손과 얼굴을 씻는다.					
6. 식사 후에 양치질을 한다.					
7. 집안일을 돕는다.					
8. 다른 사람들을 배려한다.					
9. 스스로 한다.					
10. 정해진 시간에 잠자리에 든다.					

평가 :

아동이 ○월 ○일에 이 통신문을 가져올 수 있도록 부탁드립니다.
부모님의 협조에 감사드립니다.

(1) 부모를 위한 진로지도 프로그램

초등학교에서의 진로지도는 그들의 부모뿐만 아니라 아이들의 진로에 영향을 미칠 수 있는 이들에 대한 교육이 동시에 이루어져야 한다. 왜냐하면 이 시기의 아동의 진로형성은 부모나 주위의 사람들의 영향을 직접적으로 받아서 형성되기 때문이다. 이에 따라 부모를 대상으로 진로교육을 실시할 경우 교육내용에 포함되어야 할 요소를 아래와 같이 제시한다.

① 진로지도의 필요성을 인식시킨다.

② 가정환경과 아동의 진로발달과의 관련성에 대해서 이해시킨다.

③ 자신의 아이가 언제 직업탐색을 시작해야 하는지에 관해서 인식하게 한다.

④ 진로지도를 위해 학교와 직업지도 기관들이 어떠한 일을 하는지를 안다.

⑤ 자신의 아이가 진로를 선택할 때, 그에 필요한 교육수준은 어느 정도인지를 안다.
⑥ 아동이 진로를 선택할 때, 부모가 어떠한 역할을 할 수 있는지 인식한다.
⑦ 올바른 직업선택이 무엇인지에 관해서 합리적으로 생각할 수 있다.

위에서 설명한 요소들이 진로지도에 포함되어야 하는 궁극적인 이유는 부모를 아동의 진로지도에 정보제공과 도움을 줄 수 있는 협력자로 만들어야 하기 때문이다. 급증하는 가족붕괴현상은 부모가 아동의 진로발달에 도움이 될 수 있는 많은 역할들을 잃게 만들지만, 급변하는 사회현상 속에서 아동들과 가장 가까운 거리에서 도움을 줄 수 있는 이들이 부모라는 두 가지 측면에서 더욱 부모의 역할이 중시되어야 할 것이다.

1984년 미국의 Maryland의 공립 유치원 어린이와 3학년, 5학년의 어린이를 자녀로 둔 부모 382명을 대상으로 진로발달에 있어서 부모가 어떠한 영향을 미치는지에 관한 연구를 하였다. 이 연구에서 부모들의 직업에 대한 선입견과 고정관념은 아동에게 그대로 전달될 위험이 매우 크며, 특히 성에 대한 편견은 아동들의 진로발달에 매우 많은 영향을 미친다는 결과를 제시하였다. 이런 이유로 학교 상담자들은 진로에 미치는 부모의 태도 변화를 돕기 위해서 다음과 같은 내용을 제시하고 있다.

① 부모와 교사는 아동의 진로발달과정에서 서로 협력자로서 활동할 수 있다.
② 진로발달에 있어서 부모 역할의 중요성에 대한 지식을 습득하고 받아들인다.
③ 진로의사결정에서 아동의 자아개념의 중요성을 알고, 그에 대한 부모의 신념을 유지할 수 있다.
④ 가족 구조 내에서 일의 가치와 중요성에 대한 지식을 습득한다.
⑤ 직업과 일에 있어서 사회적 고정관념 및 성에 대한 편견 없이 진로기회가 주어져야 함을 이해할 수 있어야 한다.

이상과 같이 서양의 경우에는 진로교육에 대한 부모교육의 관점들이 구체화되고 있지만 한국의 연구는 현재 매우 취약하다. 앞으로 아동의 진로발달에 미치는 부모의 영향력에 관한 연구가 구체화 되어야 한다. 또한 초등학교의 진로문제와 관련된 부모교육의 내용영역이 충분히 연구되고 소개되어야 한다.

2) 교과통합 진로교육

초등학교 학급은 학생 진로지도에 있어 가장 자연스럽고 일관되고 효과적인 경험을 제공할 수 있다. 담임교사는 학습 경험과 아이의 진로발달과 지도에 도움을 줄만한 정보를 제공하며, 갖추어야 할 태도를 설명할 기회를 매일 가진다. 학급에서의 진로교육은 교과통합, 창의적 체험활동 시간 활용, 현장체험학습 실시를 통해서 실현될 수 있다(서울특별시교육청, 2012).

(1) 교과통합 진로교육

① **교과통합 진로교육의 개념** : 교과통합 진로교육은 학교 교육과정상에서 독립적으로 운영되고 있는 교과(국어, 수학, 사회, 기술가정, 과학, 미술 등)와 진로교육을 통합하여 운영하는 것을 의미한다. 즉, 교과통합 진로교육이란 특정 교과가 추구하는 학습목표와 진로교육적 요소가 동시에 달성될 수 있도록 학교 교육과정을 통해서 운영하는 방법을 말한다.

② **교과통합 진로교육의 방법** : 초등학교에서 교과통합 진로교육이 이루어지는 방법 및 절차는 [그림 3-1]과 같다.

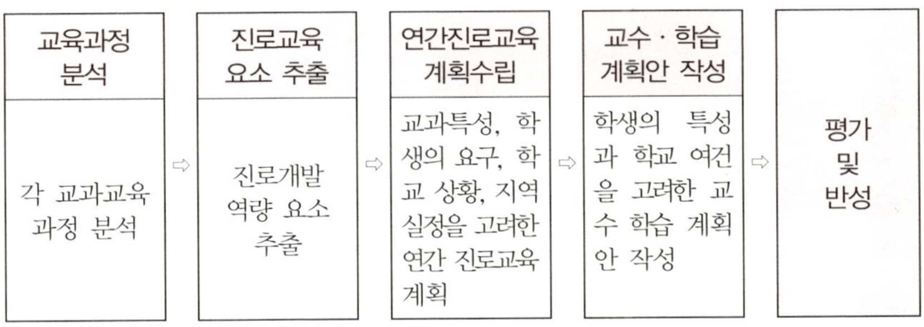

[그림 3-1] **교과통합 진로교육 방법**

③ **교과통합 진로교육 운영**(연간 진로교육 계획수립) : 초등학교의 경우 담임교사가 대부분의 과목을 담당하고 있기 때문에 교과와 연계한 연간 진로교육 계획의 수립이 용이하다. 주 1~2회 관련 교과시간에 진로교육을 실시할 수 있

다. 때로는 창의적 체험활동과 교과교육을 함께 고려하여 집중적인 진로교육을 실시할 수도 있다. 예를 들어 진로체험 주간에는 실과 시간을 활용하여 직업에 대한 사전 정보 탐색 활동을 하고, 창의적 체험활동 시간을 활용하여 직업 탐방을 실시한 다음에 국어 시간을 활용하여 체험활동 보고서를 작성하도록 하는 것이다. 이러한 활동은 대부분 1~2주 안에 이루어지는 것이 효과적이기 때문에 적절하게 시간 배당을 하도록 한다.

(2) 창의적 체험활동과 연계

창의적 체험활동의 활동 영역은 자율활동, 동아리활동, 봉사활동, 진로활동으로 구분되어 있으나, 교육효과를 높이고 운영의 효율성을 꾀하기 위하여 활동 영역 간에 통합적으로 편성 · 운영할 수 있다.

① **자율활동과 진로활동** : 진로교육에 대한 학생 및 학부모의 관심을 높이기 위하여 진로활동을 자율활동의 하위활동인 행사활동이나 창의적 특색 활동으로 운영할 수 있다. 이러한 내용을 〈표 3-2〉에 제시한다.

〈표 3-2〉 **자율활동을 통한 진로교육의 예**

자율활동	진로교육 활동
입학식	꿈단지에 꿈을 적어 넣기
시업식	진로와 관련된 나의 이번 학기 목표 정하기
적응활동	흥미, 적성, 성격유형검사 등을 통해 학급 적응력 높이기
현장체험학습	부모님 직장 체험학습, 우리 고장 직업군 탐색
학예발표회	나의 소질 표현하기, 직업 패션쇼
수련활동 · 수학여행	직업인 현장체험, 직업세계 이해
전시회	나의 꿈카드 전시, 직업사전 전시

② **동아리활동과 진로활동** : 동아리를 조직한 후 교사는 동아리의 멘토로서 학생들에게 동아리활동의 비전을 제시하고 활동계획 작성에 대한 코칭을 시도해야 한다. 이를 위해 교사는 동아리활동과 관련된 직업 및 학과 정보제공을 통해 동아리활동이 향후 학생들의 진로에 어떻게 활용될 수 있는지를 적극 안내해야 한다. 또한 동아리활동과 관련된 체험활동 프로그램 발굴 및 참여,

동아리축제 참여 방안 모색, 관련 대회 및 자격증 관련 시험, 그리고 전시회 발굴 및 안내 등을 통해 동아리활동이 보다 다양하고 내실 있게 운영될 수 있도록 노력해야 한다. 시대의 변화에 따라 진로활동의 형태로 봉사활동이 많이 나타나고 있다.

(3) 현장체험학습 운영

현장체험학습은 직업에 대한 다양한 정보를 제공할 뿐 아니라 실제 현장에서 직접 경험하게 함으로써 진로선택에 도움을 줄 수 있기 때문에 가장 효과적인 진로교육 방법이라고 할 수 있다. 학생들이 기업이나 박물관, 공공기관 등을 견학하여 정보를 수집하고 자신의 직업이나 진로와 어떤 연관이 있는지 알아보게 하며 전문가로부터 직업에 대해 직접 배우게 할 수 있다. 또한 현재 시 · 도 교육청별로 실시되고 있는 직업 · 진로 관련 행사에 참여하는 기회를 가질 수 있다. 이러한 현장체험활동에 필요한 주요 내용을 〈표 3-3〉에 제시한다.

〈표 3-3〉 **현장체험 활동**

단계	주요활동 내용
도입	• 기업 현장 섭외하기 - 섭외 후보지 선정 - 섭외하고자 하는 기관 또는 기업에 대한 정보 수집 - 섭외 전화 및 이메일, 필요할 경우 공문 발송 - 회신이 오는 기관 및 기업을 대상으로 담당자와 접촉 - 전화 또는 방문을 통해 견학에 대한 자세한 내용 전달 - 기업현장 섭외 완료 • 참여 인원 및 일정 확정, 현장 담당자와 견학 일정 확인 - 학급별, 학년별 참가 인원 확정 - 견학 일시 및 장소 내부 확정 - 전화 및 이메일 등을 통한 견학 일정 확인 후 내부기안 완료
전개	• 사전 장소 답사 - 담당 교사와 현장 실무자 미팅 - 견학 프로그램 일정 확인 - 견학 현장을 둘러보고 동선 파악 - 견학 현장에 위험요소는 없는지 확인 • 사전 교육 - 견학 대상 기관 홈페이지, 안내문 등을 활용하여 견학 장소에 대한 전반적인 설명을 함

	-약도 등을 통해 현장에 가는 길을 설명해 주고, 교통수단을 알려줌 -안전에 대한 중요성을 강조하고, 안전수칙을 설명함 -견학 노트, 견학 소감문에 대한 사전 공지 • 현장 견학 -현장에서 학생들을 소집하고, 당일 안전 및 질서에 대한 강조 -담임교사 및 현장 담당 교사는 학생들이 위험한 곳에 노출되지 않도록 주의를 기울임 -현장의 물건이나 물품을 파손하거나 훼손하지 않도록 사전에 주의를 주고 당일 꼼꼼히 현장지도를 함
정리	• 학생 소감문 제출 -학생 소감문을 작성하도록 함 -견학 노트 점검 • 소감문 등을 통한 추수지도 -소감문 등을 향후 학생 진로 상담 자료로 활용함

3) 지역사회연계 진로교육

아동의 필요와 학교의 상황을 고려하여 지역사회와 연계한 진로교육 활동을 실시한다면 더욱 폭넓은 진로교육의 기회를 제공할 수 있을 것이다. 지역사회와 연계한 진로교육 활동을 마치 체험활동으로 생각하는 방법에서 벗어나 지역사회와 또 다른 차원에서 진로교육이 연계될 필요가 있다.

(1) 직업인초청 프로그램

이 프로그램은 기업 CEO, 현직자, 전문가 등 각 분야 직업인을 초청하여 강연 청강하고 직업에 대한 깊이 있는 이해를 도모하도록 하는데 목적이 있다. 이 활동은 아동들이 보다 다양한 직업 세계를 접하도록 도울 수 있으며 각 분야의 직업인을 통해 자신의 진로에 대해 깊이 생각하게 할 수 있다.

(2) 1교 1사 직업체험

학교는 기업으로부터 인적 · 물적 자원의 지원을 받을 수 있다. 기업과의 협력관계를 구축함으로써 폭넓은 교수 · 학습 활동에 대한 지원을 받을 수 있으며, 다양한 문화 · 체육 활동 프로그램을 운영할 수 있다. 이는 학생들이 진로 · 직업 관련 학습을 하는데 직접적인 도움을 받을 수 있는 기회가 될 것이며, 기업과 학교와의 유대관계를 통해 직업에 대해 깊이 이해하게 하는 계기가 될 것이다.

(3) 주요기관의 직업체험을 활용하는 프로그램

주요기관의 직업체험 프로그램을 활용함으로써 학교는 학생들에게 다양한 직업에 대해 알아보고, 학생 스스로 자신의 적성과 진로에 대해 생각하는 직접적인 기회를 부여하게 할 수 있다. 또한, 직업의 사회적 역할에 대해 알아봄으로써 직업에 대해 깊이 이해할 수 있는 기회가 될 것이다.

(4) 기업 · 기관 주도의 현장견학 프로그램

기업 · 기관 담당자는 학생들이 원활한 견학 활동을 할 수 있도록 도울 수 있다. 이는 학생들이 직업세계에 관한 폭넓은 탐색을 할 수 있는 기회를 부여하며 학생들에게 기업의 역할과 산업에서 상품과 서비스의 중요성을 알게 할 수 있다.

(5) 기업 · 기관 주도의 직업체험 프로그램

기업 · 기관 담당자는 학생들이 원활한 체험 활동을 할 수 있도록 도울 수 있다. 따라서 학생들에게 현장에서 요구되는 기초적인 지식이나 기술을 학습할 수 있는 기회를 부여할 수 있으며 이는 기업 · 기관 현장에서 하는 구체적인 일을 알게 하고 기업의 역할과 산업에서 상품과 서비스의 중요성을 알게 하는데 도움을 준다. 또한 사원에게 직업을 다시 보는 기회를 제공하여 일에 대한 의욕을 지니게 할 수 있다.

5 진로지도와 교과서 분석

2009 개정 교육과정의 주요사항은 창의 인재 양성을 위한 창의적 체험활동 도입, 교과군, 학년군 도입과 집중 이수제, 진로 및 적성 강화 등을 들 수 있고, 추구하는 인간상도 전인적 성장의 기반위에 개성의 발달과 진로를 개척하는 사람으

〈표 3-4〉 2학년 1학기 교과서 진로영역

교과	월	주	단원	학습주제	지도영역						
					자아 이해	일과 직업 세계	태도 및 가치	의사결정능력	인간 관계 기술	직업의 경제적 측면 이해	직업의 교육적 측면 이해
국어	3	3	3. 이렇게 해 보아요	친구들과 즐겁게 대화를 나누는 역할극 꾸미기					○		
국어	4	1	4. 생각을 전해요	고운 말을 사용하여 친구들과 대화하기					○		
국어	5	4	9. 느낌을 나타내어요	겪은 일이 잘 드러나게 일기를 써 보기	○						
수학	6	2	5. 분류하기	기준에 따라 분류하기		○					
통합〈나2〉	3	1	1. 나의 몸	협동하여 친구의 몸 그리기	○						
통합〈나2〉	3	1	1. 나의 몸	몸의 생김새와 특징을 말하기	○						
통합〈나2〉	3	1	1. 나의 몸	몸을 깨끗이 해야 하는 이유를 알고 실천하기	○						
통합〈나2〉	3	2	1. 나의 몸	병원 놀이 계획을 세우고 즐겁게 놀이하기		○					○
통합〈나2〉	3	2	1. 나의 몸	내가 자란 과정 살펴보기	○						
통합〈나2〉	3	2	1. 나의 몸	나의 성장 과정을 흐름 표로 만들기	○						
통합〈나2〉	3	3	2. 나의 꿈	내 꿈을 생각하며 노랫말을 바꾸어 부르기	○						
통합〈나2〉	3	3	2. 나의 꿈	내가 좋아하는 것과 잘하는 것을 찾아보기	○						
통합〈나2〉	3	3	2. 나의 꿈	목표물을 향하여 던져 보기			○				
통합〈나2〉	3	3	2. 나의 꿈	나의 꿈을 소개하기		○					
통합〈나2〉	3	3	2. 나의 꿈	내 꿈을 그리고 소개하기		○					
통합〈나2〉	3	4	2. 나의 꿈	나의 꿈을 지키려는 마음 갖기			○				
통합〈나2〉	3	4	2. 나의 꿈	꿈을 이루기 위해 할 일을 정하여 실천하기							○
통합〈나2〉	3	4	2. 나의 꿈	친구의 꿈을 찾아 함께 달리기			○				
통합〈나2〉	3	4	2. 나의 꿈	공부한 것을 되돌아보면서 나의 책 만들기							○
통합〈봄2〉	4	1	1. 봄이 왔어요	사람들의 봄철 생활모습 살펴보기		○					
통합〈봄2〉	5	2	1. 봄이 왔어요	일기예보 놀이하기		○					
통합〈가족2〉	6	2	1. 친척	친척을 소개하는 명함 만들기		○					
통합〈가족2〉	6	3	2. 다양한 가족	우리 주변에서 볼 수 있는 다문화 가족의 문화를 조사하기			○				
통합〈가족2〉	6	4	2. 다양한 가족	다양한 문화를 체험하기	○						

로 진로교육을 강조하고 있다. 즉 진로인식의 단계에 있는 초등학교 때부터 진로 탐색과 선택에 대해서 자기주도적 학습을 바탕으로 미래를 선택할 수 있도록 역량을 길러주어야 한다고 보았다.

창의적 체험활동에서 진로교육은 그 영역이 대폭 확대되었고 자율활동, 동아리 활동, 봉사활동, 진로활동 중의 한 영역으로 자리를 차지하게 되면서 체계적인 진로교육의 기반이 조성되었다. 그리고 학생의 생활경험을 중심으로 활동 주제에 의하여 통합적으로 운영되는 1~2학년 통합교과의 활동주제도 진로교육에 많은 비중을 두고 편성되어 있다.

2009 개정 교육과정 1~2학년 교과서의 1학년과 2학년의 공통과목은 국어와 수학이며 통합 8과목을 배우게 되어있다. 통합 8과목은 2학년의 경우 나2, 가족2, 이웃2, 우리나라2, 봄2, 여름2, 가을2, 겨울2이다. 그런데 1학년은 2학년의 나2 대신에 학교1이 다르다. 이러한 교과 내용을 7개의 지도영역(자아이해, 일과 직업세계, 태도 및 가치, 의사결정 능력, 인간관계 기술, 직업의 경제적 측면 이해, 직업의 교육적 측면 이해)으로 나누어 진로교육을 분석하였다. 먼저 2학년 1학기의 한 학기 동안에 배우게 될 교과, 월, 주, 단원, 학습주제에 따른 범위를 살펴보면 〈표 3-4〉와 같다.

〈표 3-4〉와 같이 1학년 2개 학기, 2학년 2개 학기를 합한 총 4학기의 진로학습 영역에 대한 지도영역을 내용분석하여 〈표 3-5〉와 같이 결과를 제시하였다.

〈표 3-5〉 개정 초등학교 1-2학년 진로지도 영역분석(빈도수)

학년	학기	과목	진로지도 영역 구분						
			자아 이해	일과 직업 세계	태도 및 가치	의사 결정 능력	인간 관계 기술	직업의 경제적 측면	직업의 교육적 측면
1학년	1	전교과	7	3	5	X	11	X	2
	2	전교과	2	1	1	1	8	X	X
2학년	1	전교과	9	7	4	X	2	X	3
	2	전교과	X	6	3	X	3	1	1
전체			18	17	13	1	24	1	6

〈표 3-5〉에서 보는 바와 같이 초등학교 1~2학년 수준에서는 일에서 요구되는 인간관계의 기술(24), 자아이해(18), 일과 직업세계에 대한 이해(17)의 순으로 강조되었지만, 상대적으로 의사결정 능력(1)이나 직업의 경제적 측면에 대한 이해(1)와 같은 영역은 발달단계의 수준을 고려하여 깊이 교육할 필요가 없는 것으로 나타났다. 2014년에 3~4학년의 과목이 새롭게 바뀌므로 그때도 지금과 같은 교과서 분석 작업이 필요할 뿐만 아니라 또한, 직업의 종류, 자주 나타나는 직업군, 새로운 형태의 직업소개와 같은 다양한 관점에서의 분석작업이 필요할 것이다.

6 진로교육의 평가

진로교육을 받은 이후에 얼마나 변화가 일어났는지를 평가하는 방법이 있는 반면에, 초등학생의 평상적인 진로에 대한 성숙도나 흥미 등을 평가해 볼 수 있다. 그러므로 평가는 크게 두 가지의 장면으로 나누어 생각해 볼 수 있다. 먼저 진로교육 실시 이후 전반적인 평가방법을 알아본 이후에, 초등학생의 평상적인 진로 수준을 평가하기 위한 방법으로 진로성숙도의 측정 방법을 소개하기로 한다.

1) 프로그램의 평가

평가는 프로그램의 목표가 수립되고 유효한 평가기준이 확인된 경우에만 시작할 수 있다. 평가과정은 지도교사 스스로에 의해 수행되거나 자격을 갖춘 컨설턴트에 의해 지원되거나 또는 그 둘의 조합에 의해 수행될 수 있다. 또한, 지속적인 평가를 위해 학교 관계자를 포함시킬 수 있다. 평가체계가 없으면 교육의 목표를 달성하는 것이 매우 어렵다. 다음은 진로프로그램을 평가할 수 있는 방법들이다.

(1) 사전과 사후방법

이 방법은 특정 기간 동안 실시된 진로 프로그램의 결과로서 집단 내 위치의 변경 사항을 파악하는 것이다. 예를 들어, 초등학교 진로지도 프로그램의 목표가

6학년 학생들에게 직업체험활동을 제공하는 것이라면 학년 초 즉, 프로그램 운영 전과 학년 말 프로그램 운영 후 실제적인 참여 숫자로 목표달성 정도를 측정할 수 있다.

(2) 비교 방법

이는 한 집단과 다른 집단 또는 특정 집단을 비교하는 것을 기초로 평가하는 방법이다. 같은 목적을 위한 서로 다른 기술도 이러한 방식으로 평가할 수 있다. 예를 들어, 시청 견학의 진로정보 제공기술의 효과는 한 초등학교 학급에서 시청에 대한 전통적인 교실 토론 수업을 한 다른 유사한 그룹과 비교함으로써 평가할 수 있다. 기술의 효과를 비교하려면 양 그룹의 시청에 대한 이해를 비교 측정하는 시험을 통해 평가할 수 있다.

(3) 어떻게 하고 있는가 방법

이 방법은 바람직한 프로그램의 결과와 특성 및 관련 기준을 확인할 수 있을 것으로 가정한다. 질문지 등을 통해 제공된 평가 항목을 바탕으로 진로지도 프로그램 운영을 평가할 수 있다. 평가에 대한 이러한 접근은 일반적으로 인정된 기준을 바탕으로 프로그램을 비교하는 것이 가능하도록 만들어줄 것이다.

2) 심리검사 평가

(1) 진로성숙도검사

진로성숙의 정도는 진로발달에 대한 포괄적인 수준을 평가하는 방법으로 사용되고 있다. 대표적인 검사의 방법이 진로발달검사(Career Development Inventroy)와 진로성숙도검사(Career Maturity Inventory)다.

진로발달검사는 Super가 개발한 것으로 적합한 교육 및 직업선택에 필요한 학생들의 직업준비도를 측정하기 위하여 제작된 검사로 중학교 2학년에서 일반성인까지 사용하도록 만들어졌다. 이런 이유로 초등학생을 대상으로 이루어진 실질적인 검사는 아니다. 그러나 진로성숙도검사는 Crites의 진로발달 모델에 근거하여 만들어진 검사로 지능검사의 일반요인인 g요인과 유사한 진로성숙도의 일반적 요인이 있고, 몇몇의 영역요인 및 많은 특수요인이 있다. 진로성숙도 검사도 진로발달 검사와 마찬가지로 진로계획의 과정 변인에 초점을 맞추고 있다. 그러므로 두 검사는 크게 진로계획 태도와 진로계획 능력을 측정한다는 면에서 유사하지만, 각각의 척도를 구성하고 있는 하위척도에서 서로 차이가 있다.

진로성숙도 척도는 진로의사결정에 대한 태도를 알아보는 75문항(결정성, 참여도, 독립성, 성향, 타협성)과 진로의사결정에 대한 능력을 알아보는 100문항(자기평가, 직업정보, 목표선정, 계획, 문제해결)으로 구성되어 있다. 무엇보다 진로성숙도 검사는 초등학교 6학년에서 측정이 가능하다는 장점이 있으며 성별에 따라 진로성숙도의 정도를 다르게 보여주는 규준을 채택하고 있어서 현실적인 진로검사로 판단된다.

우리나라에서도 장석민 등(1991)이 미국의 진로성숙도검사를 바탕으로 한국의 실정에 맞는 진로성숙도검사를 표준화하였다. 우리나라에서는 주로 진로의사결정에 대한 태도를 알아보는 문항이 많이 사용되고 있다. 또한 한국직업능력개발원의 임언 등(2001)이 다양한 진로지도의 목적에 맞게 활용할 수 있도록 총 135문항의 3개 영역(태도, 능력, 행동)에 따른 7개 하위영역(태도영역 : 독립성, 일에 대한 태도, 계획성 / 능력영역 : 자기이해, 정보활용 및 진로결정능력, 직업에 대한 지식 / 행동영역 : 진로탐색 및 준비행동)을 측정하는 진로성숙도검사를 개발하였다. 그러나 초등학생에게 적용할 수 있는 검사의 규준은 없다.

(2) 흥미검사

흥미는 누군가의 주의 또는 호기심을 이끄는 어떤 것으로 정의될 수 있다. 흥미는 사람들이 하기를 원하는 것 또는 그들이 좋아하거나 즐기는 것의 표시이다. Super와 Crites는 4가지 방법으로 흥미를 평가하였다.

첫째, 표현된 흥미(expressed interest)이다. 이것은 활동 또는 직업과 관련해서 사람들이 좋아하는 것과 싫어하는 것을 말하도록 함으로써 평가된다.

둘째, 표출된 흥미(explicit interest)이다. 이것은 활동에 참여한 사람들을 관찰하거나 그 활동에 대해 물어보거나 어떻게 시간을 보내는지를 관찰함으로써 알 수 있다.

셋째, 검사된 흥미(tested interest)이다. 이것은 흥미를 역량검사의 형태로 검사를 통해서 알아낼 수 있는 흥미이다. 다시 말해 미시건단어검사(Michigan Vocabulary Test)와 같은 도구를 사용하는 것이다. 이런 방법은 개인의 관심도가 높을수록 그 사람은 그 분야와 관련된 어휘를 많이 알고 있을 것이라는 가정을 통해서 만들어진 검사를 이용한다.

넷째, 조사된 흥미(inventoried interest)이다. 이것은 흥미평가의 가장 보편화된 방법으로 개인의 흥미패턴을 직업이나 활동의 목록표에 대한 반응을 통해 결정하는 방법을 사용하여 알아보는 흥미이다. 위의 셋째의 흥미평가는 잘 사용하지 않고 주로 넷째의 평가방법이 가장 흔한 표준화 검사로 사용되고 있다.

흥미평가는 대개 자기인식의 발달, 직업적 선택의 확인, 여가의 선호를 통한 직업구분의 가능성, 직업과 교육의 불만족의 근원 확인, 직업적 탐색을 자극하기 위해서 등 5가지 이유로 이용된다. 흥미평가는 진로상담의 역사와 함께 여러 방식을 통해서 이루어졌다. 일찍이 Parsons는 각 개인의 태도, 능력, 흥미, 포부, 경제력, 한계, 그리고 동기를 확실히 이해할 필요가 있다고 하였다. 이런 이유로 흥미는 일반적으로 진로상담자들에게 관심이 높았던 분야였다. 알려진 바와 같이 Strong은 남성을 위한 스트롱직업흥미검사(Strong Vocational Interest Blank)를 1927년에 완성하였는데 Strong은 흥미가 능력과 긴밀하게 연결되어 있다고 믿었다. 그러나 이러한 초기의 신념은 나중에 부정되었다. 스트롱흥미검사는 1927년부터 1985년까지 여러 번 수정되었다. 또한 이 흥미검사는 아마도 가장 자주 이용되었던 표준화된 흥미검사로 판단된다. 또 다른 초기 흥미검사는 Kuder에 의한 쿠더선호도검사(Kuder Preference Record)로 1943년에 처음 제작된 이후 가장 최근판은 1985년에 새롭게 제작되었다.

흥미를 검사하는 흥미검사의 인기에도 불구하고 많은 심리검사자들은 흥미검사 한 개의 검사결과를 가지고 어떤 사람의 흥미를 판단하는 것은 마법에 걸린 행동과 같다고 말한다. 그만큼 흥미는 복잡하므로 심리검사 이외의 또 다른 보조 검사도구를 함께 사용하여야 한다. 최근의 미국판 흥미검사의 종류는 200개 이상이다. 그 가운데서 가장 많이 사용되는 검사가 Strong의 흥미검사와 쿠더의 직업

흥미검사(Kuder Occupational Interest Survey)로 조사되고 있지만 보조도구의 도움 없이는 흥미를 발견하기 어렵다.

(3) 직업카드 분류

직업사전을 통하여 직업세계에 대한 정보를 많이 획득할수록 진로발달의 속도가 빨라지는 것과 마찬가지로 직업분류 카드(Vocational Sort Cards) 작업을 통하여 각 개인의 흥미뿐만 아니라 진로발달과 관련된 다양한 목적을 달성할 수 있는 장점이 있다. 직업분류 카드는 Tyler(1961)에 의해 고안되었고 Dolliver(1967)가 사용방법을 구체화시킨 것이다. 직업카드 분류방법은 내담자에게 한쪽 면에는 분류된 직업명이 있고 다른 면에는 직업에 대한 간단한 설명이 적힌 일련의 카드를 분류하도록 하는 방법으로 다음과 같은 방법으로 사용된다.

① 내담자는 카드를 3가지 묶음으로 분류한다. 첫째는 자신이 원하는 직업이 들어 있는 카드를 선택하려는 것이다. 둘째는 카드를 선택하기 싫은 경우이다. 셋째는 선택해야 될지 말아야 될지 의문이 생기는 경우다.

② 위의 첫째 조건에 해당되면 왜 첫째 조건에 해당되는지 그 이유를 설명할 수 있어야 한다. 이와 같이 위의 3가지 조건에 따라 이유를 설명하는 것이 여기에 해당한다. 이유를 설명하는 과정에서 흥미, 기술, 가치의 영역을 발견할 수 있다. 예를 들어, 목수라는 직업이 선택할 수 있는 것에 묶인 이유는 카드의 분류자가 나무로 무엇인가를 만드는 것을 좋아하고(흥미), 완성된 실제 작품을 보는 것을 가치 있게 여기고(가치), 그 직업을 자신이 소유하고 있는 필요한 능력(기술)으로 보았기 때문으로 간주한다.

③ 선호된 직업(선택할 수 있는 것)을 관련된 범주로 분류된다. 예를 들어, Tyler(1961)의 원판에서는 카드의 분류자가 선호하는 직업을 그들의 유사성과 차이점을 기초로 한 범주로 재분류하도록 하였다. 재분류 작업을 진행하면서 카드분류자의 스키마 또는 흥미구조를 발견해 낸다. 이와 같이 직업분류 카드는 창의적인 방식으로 다양하게 만들어 사용할 수 있으며 한국에서도 아동용 직업분류 검사용 카드가 최근에 만들어졌으며 상업용으로 시판되고 있다.

3) 진로이론과 심리검사

(1) 서양의 진로검사

직업을 탐색하기 위하여 다양한 진로검사가 사용된다. 여기서는 진로이론에 따라 검사가 어떻게 분류될 수 있는지, 그리고 어떤 종류의 검사가 있는지를 〈표 3-6〉을 통하여 제시하였다. 다음으로 한국에서 사용되고 있거나 권장되는 몇 종류의 검사를 〈표 3-7〉을 통하여 보기로 한다.

〈표 3-6〉 서양의 진로이론과 진로검사

분류	검사유형					
이론	적성	흥미	가치	성격	의사결정	성숙 및 발달
특성 및 요인이론	① Scholastic Assessment Test	⑥ Kuder Career Search	⑪ Study of Values	⑮ California Psychological Inventory		
	② Differential Aptitude Tests	⑦ Strong Interest Inventory	⑫ Values Scale	⑯ Sixteen Personality Factor Questionnaire		
	③ General Aptitude Test Battery	⑧ California Occupational Preference Survey				
	④ Armed Services Vocational Aptitude Battery					
Holland 유형이론		⑨ Self-Directed Search				
		⑩ Vocational Preference Inventory				
MBTI 유형이론				⑰ Myers-Briggs Type Indicator		
직업적응 이론	⑤ Geneal Aptitude Test Battery		⑬ Minnesota Importance Questionnaire			

Super의 생애주기 이론			⑭ Values Scale Salience Inventory			⑳ Career Development Inventory
인지정보 처리이론					⑱ Career Thoughts Inventory	
Krumboltz의 사회학습 이론					⑲ Career Beliefs Inventory	

출처 : Sharf, R. S. (2002). Applying career development theory to counseling, p458~459.

진로이론에 따른 진로검사의 종류는 학문적적성검사(①), 변별적성검사(②), 일반적성검사(③), 군인용 어휘적성검사(④), 일반적성검사(⑤), 쿠더진로검사(⑥), 스트롱흥미검사(⑦), 캘리포니아 직업선호도검사(⑧), 자기탐색검사(⑨), 직업선호도검사(⑩), 가치검사(⑪), 가치척도(⑫), 미네소타 직업중요도검사(⑬), 직업가치 특이성검사(⑭), 캘리포니아 심리검사(⑮), 16요인 성격검사(⑯), MBTI(⑰), 진로사고검사(⑱), 진로신념검사(⑲), 진로발달검사(⑳)로 구분된다.

(2) 한국의 진로검사

한국의 진로심리 검사유형과 실시시기 권장안을 〈표 3-7〉에 제시하였다. 표에 나타난 검사 외에도 적성탐색검사, 진로탐색검사, 적성진단검사 등 많은 검사들이 개발되었다.

〈표 3-7〉 **한국의 진로검사 유형과 검사종류**

검사유형	검사종류	실시시기		
		초 6년	중 2년	고 2년
직업적성 검사	커리어넷 직업적성검사		V	
직업흥미 검사	커리어넷 직업흥미검사		V	V
진로성숙도 검사	커리어넷 아로주니어 진학진로정보센터 초등학생 진로적성검사 워크넷 초등학생직업심리검사	V		
진로성숙도 검사	커리어넷 진로성숙도 검사	V		V
진로가치관 검사	커리어넷 진로가치관 검사			V
인성검사	MBTI		V	

제4장

초등학교 진로상담

초등학교 아동을 대상으로 진로상담을 실시한다는 것은 매우 힘든 일이다. 그렇지만 진로상담도 일반적인 상담과 내용이나 형식적인 면에서 동일하므로 행동주의적 진로상담, 현실치료 진로상담 등과 같은 명칭으로 부른다. 아동에게는 진로라는 용어가 갖는 함축적인 의미가 쉽지 않기 때문에 일차적으로 아동 자신이 자신의 가족을 대상으로 진로와 관련된 면담을 하거나 부모의 도움을 받아 상담을 하는 방법이 효율적이라는 견해가 많다. 이런 이유로 4장에서는 가계도를 이용한 상담방법을 제시하였다.

1 미국의 가계도 상담

부모가 자녀의 초기 직업과 관련된 교육적인 목표 의식을 갖는데 중요한 영향을 미치는 것으로 알려지고 있다. 이것은 부모가 자녀에게 가장 중요한 역할 모델임을 말하고 있다. 그러나 많은 부모들은 자신들이 특히, 진로의식과 관련하여 자녀들의 삶에 얼마나 영향을 미치는지 인식하지 못하고 있다. 초등학생을 대상으로 이루어진 미국의 연구에 의하면 비록 아이들이지만 성인근로자와 자신을 동일시할 수 있으며 특히 아버지의 직업보다 어머니의 직업에 더욱 많은 동일시를 나타낸다고 한다. 이러한 결과를 바탕으로 직업에 대한 포부는 아이의 생애에서 일찍 형성될 수 있다는 견해를 시사하였다. 또한, 부모의 기대와 양육이 유색인종 학생들의 대학 진학 열망에 영향을 미치는 주요 변수가 된다는 사실이 알려지면서 아동의 진로에 대한 부모의 태도가 더욱 중시되고 있다.

부모의 기대와 역할 모델이 진로발달에 영향을 미치므로 초·중·고에서 가족의 역동, 역할, 가치관 등을 조사하는 것이 매우 의미 있는 활동임을 알 수 있다. 이런 활동은 진로가계도(career genogram)를 통하여 가능한 것으로 알려져 있다(Okiishi, 1987). 진로상담에서 가계도의 이용은 가계도를 작성하고 그것을 분석하는 과정을 통해서 학생 개개인에게 맞춤식 진로상담이 가능하다는 큰 장점을 가지고 있다. 초등학교 장면에서 필요한 진로의식은 개인 성향, 흥미, 적성, 특기, 그리고 일의 다양성에 대한 학생들의 인식을 의미한다. 그리고 교실에서 이루어지는 안내활동, 개인상담, 그리고 소그룹 활동을 통해 유치원에서 5학년까지의 학생들에게 진로의식에 대한 역량을 키울 수 있다. 이 단계에서 진로가계도나 진로가계도의 파생적 활동물로 나타난 가족직업가계도(career family tree)의 이용은 여러 가지 일의 종류와 서로 다른 환경에서 일하는 근로자를 구분하기, 일과 직업에 대해 파악하기, 지역사회에 있는 직업간의 차이를 알기, 직업선택에 있어서 성별에 따른 유사성과 차이점에 대해 인식하기, 학교와 집에서 일과 관련된 책임감에 대하여 서술하기, 직업군 인식하기, 가족 구성원의 일과 특기 인식하기 등의 능력을 강조하는 도구로 사용될 수 있다(ASCA, 2003).

진로가계도나 가족직업가계도는 초등학생에게 적합한데 이는 그림이나 모양을 이용한 표현이 이 연령대 아이들의 관심을 끌 수 있기 때문이다. 진로가계도는 대개 3세대를 그린다. 3세대의 범위는 아동들이 다룰 수 있는 범위에 속한다고 판단된다. 가족직업가계도 작성 작업은 교실 지도 수업, 개인 상담회기 중 또는 소그룹활동 때에 사용될 수 있다. 경험적인 범위에서 볼 때, 저학년 아동들은 개인적 또는 소그룹으로, 고학년 아동들은 대집단지도를 통한 작업이 훨씬 쉽고 유익하다. 학교 상담자는 아동들에게 나누어줄 나무가 그려진 [그림 4-1]과 워크시트를 준비하도록 한다. 그리고 아동들은 그 나무에 기억할 수 있는 한 그리고 시간이 허락하는 한 많은 정보를 덧붙여 나가도록 한다. 이 과제는 학교에서 제공되지만 반드시 집에서 가족과 함께 완성되어야 한다. 따라서 이 과제의 일차적인 목적은 직업과 관련된 일과 생각에 대해 부모와 자녀 사이에 대화가 일어나도록 시도된 과제임을 알 수 있다.

아동이 과제를 완성할 수 있도록 준비시키기 위해 학교 상담자는 구체적인 지침을 주어야 한다. 다음과 같은 지침들이 제안된다. 첫째, 학생들로 하여금 진로가계도의 일부를 수업, 개별 상담기간 중, 또는 소그룹 활동 중에 하도록 한다. 이것은 상담자가 가족구성원을 면담하기 이전에 각 아동들이 자신의 가족에 대해 얼마나 알고 있는지를 파악하게 만드는 역할을 한다. 구두 지시의 예는 다음과 같은 내용이 포함될 수 있다.

> 여러분은 각자 자기 가족의 나무를 만들 거예요. 아래쪽에 여러분 이름과 함께 형제 · 자매의 이름을 쓰세요. 페이지의 왼쪽을 가리키며, 이쪽에 아버지의 이름과 할아버지 할머니의 이름을 쓰세요. 그리고 페이지 오른쪽을 가리키며, 이 쪽에는 어머니의 이름과 외할아버지 외할머니의 이름을 쓰세요.

이 첫 단계를 완성할 때까지 시간을 준다. 두 번째 지침은 현재의 가족들이 가지고 있는 직업에 초점을 맞춘다. 예를 들면서 각 사람의 이름 옆에 직업을 쓰도록 한다. 학교상담자는 한부모 가정이나 후견인과 살고 있는 아이의 경우 상황에 맞게 지침을 수정할 수 있도록 하여야 한다. 예를 들어, 생물학적 부모와 연락할 수 없는 상황에 있는 아이의 경우 역할 모델이나 양육 부모를 포함한 현재 상황에 맞게 나무를 그리거나 다른 생활환경을 나타내는 두 개의 나무를 그릴 수도 있다.

둘째, 학교상담자는 가족직업가계도 활동에서 아동들이 창의성을 발휘할 수 있도록 격려해야 한다. 다양한 색깔과 도형을 사용하는 것이 아이들에게 가족의 직업에 대해 어떻게 생각하는지에 대해 유연하게 표현할 수 있도록 해준다는 것을 알아야 한다. 예를 들어, 가족 구성원을 각각 다른 색깔과 기호로 나타낼 수 있다. 또한, 아이들은 프로젝트의 일부로 그들 자신의 진로와 관련된 나무를 그리도록 격려될 수도 있을 것이다.

셋째, 학교상담자는 가족직업가계도 활동의 완성에 있어서 일정한 시간을 정해 두어야 한다. 바쁜 가족 일정과 진로 문제에 대한 자녀와 부모의 대화를 증진시키기 위하여 일주일 정도가 적합하다.

넷째, 가족직업가계도 활동과 함께 부모에게 보내는 편지에는 이 활동의 의도와 목적이 나타나 있어야 한다. 편지에는 마감날짜와 앞에서 언급한 구두 지시와 비슷하게 수행을 위한 지침, 상담자와의 연락방법 등을 담아야 할 것이다.

마지막으로, 나무가 완성되었을 때 그 나무에 나타난 정보들은 상세히 검토되어야 한다. 검토를 위한 질문은 다음과 같은 내용들이 포함될 것이다. 엄마의 직업은 무엇인가? 아빠의 직업은 무엇인가? 할머니나 할아버지의 직업은 무엇인가? 지금까지 언급된 직업을 가진 사람들이 하는 일은 무엇인가? 남자와 여자가 그와 같은 일을 할 수 있는가? 할 수 있다면 또는 할 수 없다면 그 이유는 무엇인가? 여러분의 엄마와 아빠가 그 일을 선택한 이유는 무엇인가? 여러분의 형제·자매가 하는 일은 무엇인가? 집안일은 일로 간주될 수 있는가? 될 수 있다면 또는 될 수 없다면 그 이유는 무엇인가? 학교상담자는 아동들의 발달단계와 환경을 고려하여 각자의 나무에 대해 얘기하며 다른 아이들과 함께 작업하게 할 수도 있고, 나무를 만들면서 아동이 경험한 내용을 학교상담자와 개별적으로 검토해 볼 수도 있다. 또한 학교상담자는 부모를 초대하여 앞에서 언급된 질문을 이용하여 아동과 함께 그 정보를 검토해 보는 특별한 시간을 따로 가질 수도 있다(Gibson, 2005).

지금까지 서술한 내용을 종합해보면 가족직업가계도에서 사용되는 나무를 이용하는 방법은 아동의 진로의식을 강화하는데 좋은 출발점을 제공하는 도구로 사용될 수 있으며 또한 이러한 활동을 통해서 가족구성원들과의 대화를 통해서 아동들은 자기 나름대로 진로발달에 필요한 정보를 이해할 것으로 판단된다. 이러한 이해활동은 중학교에서 시작될 진로활동에 중요한 기초작업이자 연계성을 제공할 것으로 보인다. 진로가계도나 가족직업가계도를 완성해나가는 작업과정을 통해서 아이들은 자기평가와 함께 직업에 대한 의사결정을 배우게 될 것이다. 아동의 진로 관련 선호와 희망에 대한 가족의 영향력에 대한 평가는 생애 진로발달 목표에 대한 중요한 정보를 제공할 것으로 기대된다. 이에 따라 [그림 4-1]에서 미국의 초등학교 학생들이 진로교육의 방법으로 사용하는 가족직업가계도를 제시하였다.

[그림 4-1] **가족직업가계도(career family tree)**

출처 : Gibson, D. M. (2005). The use of Genogram in career counseling with elementary, middle, and high school students. p355.

2 한국의 가계도 상담

학교상담이 정형화된 미국 초등학교의 경우 교육적 접근방식과 상담적 접근방식을 통합한 교육상담 활동이 대부분의 주에서 채택되고 있다(Gysbers & Henderson, 2006). 진로의 교육적 기능도 중요하지만 진로상담의 측면도 중요하므로 진로상담의 한 가지 방법으로 한국의 저널에 나타난 가계도를 활용한 진로상담기법의 이론적 배경과 과정 및 절차를 소개하고자 한다.

1) 가계도의 정의

가계도(genogram)란 3세대 이상에 걸친 가족 구성원에 관한 정보와 그들 간의 관계를 도표로 기록하는 작성방법을 말한다. McGoldrick 등(2008)에 의해 최초로 개발된 가계도는 현재 심리학, 사회복지, 의료 및 상담에서 매우 다양한 형태로 활용되고 있다. 특히 가족상담 분야에서 가계도는 내담자 가족의 역동과 유형을 파악하는 유용한 도구로 활용되고 있다. 한 개인은 어린 시절 가족과의 상호작용을 통해서 최초의 사회화 과정을 경험하며 이 과정을 통해 대인관계의 기초 기술을 습득하게 된다.

2) 가계도의 작성법과 해석

가계도는 가족 구성원의 관계를 정해진 기호와 선으로 도표화한 그림이다. 이 그림은 가족의 외형적 관계뿐만 아니라 심리적 관계까지도 표현하는 장점이 있다. 가계도 작성을 위해서는 일정한 기호로 구성원과 구성원의 관계를 표시하는데 [그림 4-2]에서 보는 바와 같이 남성은 사각형으로 여자는 원으로 표현한다. 중심인물(identified person)은 두 겹의 원을 사용하여 다른 원과 구분하고 가족원이 사망한 경우는 X표를 하여 구분한다. 3세대의 위치는 위에서 아래로 내려갈수록 다음 세대를 표현한다.

외형적 관계가 기호를 통해 표시되는 반면 가족의 심리적 관계는 가족 상호작용의 유형을 설명하는 선을 통하여 표현된다. [그림 4-2]에 제시된 예와 같이 지나치게 밀착된 관계는 세 겹의 선으로, 친밀한 관계는 두 겹의 선으로, 소원한 관계는 점선으로, 갈등적 관계는 꺾은선으로 표시하여 관계의 질을 차별화하여 표현한다. [그림 4-2]에 제시된 예의 경우, 중심인물은 외형적으로는 아버지와 가까운 사이에 있지만 심리적으로는 이모와 친밀한 관계를 맺고 있음을 보여준다. 오히려 아버지와는 소원한 관계를 형성하고 있음을 알 수 있다. 오빠는 큰 아버지와 친밀한 관계를, 언니는 큰 고모와 밀착된 관계를 보여주고 있다. 또한 어머니와 친할머니는 갈등적 관계를 형성하고 있음을 보여준다. 이와 같이 가계도는 정형화된 기호와 선을 통하여 가족의 구조와 관계를 일목요연하게 도표화하여 보여주므로 가족상담의 유용한 도구로 널리 활용되어져 왔다.

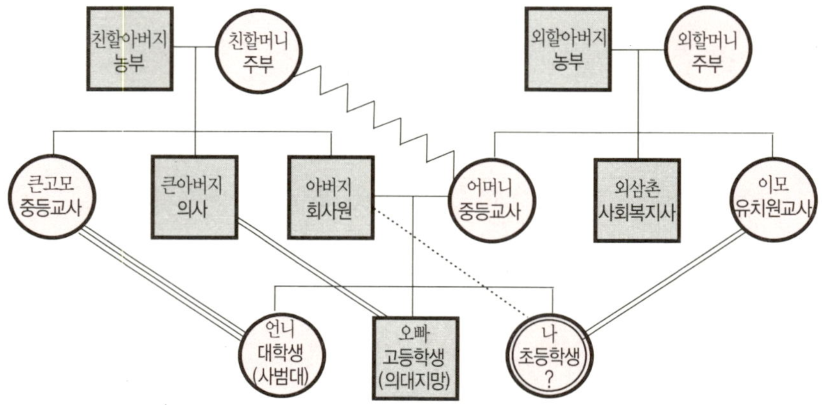

[그림 4-2] **진로가계도의 예**

상담자는 가계도를 해석하기 위하여 몇 가지 범주를 사용하여 가족의 유형과 기능을 탐색할 수 있다. 이영분(1997)은 가계도를 해석할 때 활용할 수 있는 범주를 6가지로 정리하였는데 오인수(2008)는 이것을 다음의 4가지로 재수정하였다.

① **가족의 구조** : 가계도의 선과 기호가 어떻게 연결되어 있는지 탐색함으로써 가족의 구조를 확인한다. 가족형상과 형제 순위 등의 가족관계를 확인하여 가족의 전체적인 구조를 이해한다.

② **세대간 반복되는 유형** : 가족유형은 세대를 거쳐 반복되는 경향이 있는데 이러한 유형은 직업유형에서도 나타날 경향성이 높다. 가계도상에서 반복되는 직업의 유형은 그 유형이 현재와 미래에도 영향을 준다는 것을 시사한다. 따라서 세대 간 반복되는 직업유형을 탐색하고 이를 인식한다.

③ **가족의 역할과 직업** : 가족 구성원의 역할과 이들 직업 사이의 관계를 탐색하는 것은 직업이 생활에 미치는 영향을 탐색하는 과정이다. 가계도를 탐색하면서 가족의 역할과 관련하여 직업의 사회-경제적 지위와 직업적 특성을 이해한다.

④ **가족의 관계유형** : 가족 상호작용의 유형을 설명하는 선(예 : 두 겹선, 세 겹선, 점선 등)을 탐색하여 밀착, 친밀, 소원, 갈등적인 관계를 이해한다. 관계유형은 특정 직업에 대한 긍정적 혹은 부정적인 인식을 심어줄 수 있다. 직업과 관계유형을 탐색하는 과정은 직업에 대한 객관적인 인식을 돕는다.

3) 가족체제이론

Christian(2006)은 학생이 가족에서 경험하는 관계를 가족체제이론으로 접근할 때 아래와 같이 6가지의 특징에 초점을 두어 상담할 것을 제시하였다.

① **범위**(boundaries) : 가족들이 얼마나 밀접한지, 분리되어 있는지의 정도
② **역할**(roles) : 가족 구성원의 서로 다른 역할과 그들의 행동적 특징
③ **규칙**(rules) : 가족들 관계 사이에서 형성된 기준과 전통
④ **위계**(hierarchy) : 가족 내의 의사결정과정과 구성원 사이의 통제와 지배관계
⑤ **분위기**(climate) : 가족의 물리적, 심리적 환경
⑥ **균형**(equilibrium) : 가족 내에서 일어나는 일들의 일관성과 변화정도

학생이 가족들의 직업을 인식할 때 그 인식은 가족 구성원들의 특징과 함께 인식되기 때문에 직업에 대한 객관적 이해와 주관적 편견이 동시에 영향을 주고 받는다. 가계도를 바탕으로 위와 같은 관계적 특징들을 탐색하는 활동은 학생의 진로인식 상담에 효과적으로 활용될 수 있다. 예를 들어 [그림 4-2]에서 보듯이 친밀한 관계를 지닌 이모의 직업에 대해 호감을 가지는 반면, 갈등적 관계를 지닌 삼촌의 직업에 대해 반감을 느낄 수 있다. 아버지(교사)가 엄하고 규칙을 중시하

는데 아버지와 갈등관계를 겪는 자녀는 교사에 대한 부정적 이미지를 투사하여 인식할 수 있다. 이처럼 가족체제이론에 바탕을 두어 가족의 직업을 탐색하는 과정은 직업의 인식에 영향을 미친 다양한 요인들을 동시에 탐색하는 장점을 지니고 있다.

4) 상담의 실제

가계도를 사용하여 학생들의 진로인식에 활용하는 접근은 Okiishi(1987)가 최초로 소개하였다. 이후 몇몇 저자들이 진로상담의 한 기법으로 가능성을 제시하였고 최근에 발표된 일련의 연구들은 이 방법의 효율성을 언급한다.

가계도를 이용하여 상담을 진행하는 과정은 첫째, 학생과의 신뢰관계 형성이 먼저다. 이것은 어떤 상담이나 마차가지이다. 둘째가 학생의 진로가계도를 작성하는 일이다. 교사와 학생의 신뢰관계가 형성되었다면 학생이 가족의 가계도를 작성하도록 돕는다. 먼저 가계도 작성에 대한 전체적인 안내를 하고 표현에 필요한 기호와 선 등을 설명한다. 예를 들어, 대화에서 소개된 가족들을 종이에 자유롭게 표현하도록 안내할 수 있다. 경우에 따라 예시를 보여줄 수도 있고 학생이 표현하는 과정에서 교사가 도와줄 수 있다. 이 과정에서 중요한 것은 교사의 주도가 아닌 학생의 주도하에 학생 자신이 직접 가족 관계를 표현하도록 해야 하며 교사는 그 과정을 촉진시키는 역할을 한다. 경우에 따라서는 가족 구성원이 아니더라도 자신의 진로인식에 의미 있는 영향을 준 사람이 있다면 이들도 포함시키는 것이 권장된다. [그림 4-2]에 제시된 가계도는 3세대에 걸친 가족의 구조와 관계, 그리고 구성원들의 직업을 보여준다. 학생은 보통 두 겹 원으로 표시된 자신부터 표현하여 자신의 형제 관계를 표시함으로써 자신의 세대를 완성한다. 같은 수평선상에 표시된 가족의 구성원들은 같은 세대를 나타내며 상위로 올라갈수록 윗세대를 표시하게 된다. 가족 구성원의 포함범위는 학생이 인식하는 가족 구성원의 범위와 일치하도록 정한다. [그림 4-2]는 부모세대 구성원의 배우자를 표시하지 않았지만(예 : 큰어머니, 큰고모부 등) 고학년 학생의 경우 그 범위를 확대하여 다양한 가족과 직업을 표시할 수 있다. 직업의 종류 역시 고학년 학생일수록 세부적인 직업(예 : 외과의사, 국어교사 등)을 표시하게 하여 보다 전문적이고 다양한 직업을 탐색하도록 도울 수 있다.

마지막 단계는 가계도를 통한 진로인식을 탐색하는 것으로 이 단계에서는 전 단계에서 작성된 진로가계도를 바탕으로 교사는 학생이 진로인식을 높일 수 있도록 돕는다. 다양한 상담기술을 활용하여 교사는 학생이 가계도를 탐색하도록 돕고 그 과정을 통해 학생의 진로인식 향상을 추구한다. Malott와 Magnuson(2004)은 이 단계에서 상담자가 유용하게 사용할 수 있는 질문 목록을 제시하였는데 오인수(2008)는 이를 바탕으로 초등학생들의 발달 수준을 고려하고 진로인식 과정에서 요구되는 요소를 추가하여 아래와 같은 6가지 영역의 진로인식 탐색을 위한 질문을 제시하였다.

(1) 직업의 종류와 유형

① 가족들의 직업 중에서 가장 많은 직업은 무엇일까?
② 가족들의 직업 중에서 공통적인 점이 있다면 무엇일까?
③ 가족들의 직업들을 몇 가지로 묶어본다면 어떻게 묶을 수 있을까?
④ 가족들의 직업과 비슷한 종류의 직업들은 무엇이 있을까?
⑤ 가족에서 반복되는 직업유형이 직업에 대한 생각에 어떤 영향을 주었을까?
⑥ 가족구성원의 직업활동을 보면서 어떤 점들이 직업에 대한 나의 생각에 영향을 주었을까?

(2) 직업의 특징(가족 구성원의 특정 직업에 대해)

① 이 직업의 장점이 있다면 무엇이 있을까?
② 이 직업의 단점이 있다면 무엇이 있을까?
③ 가족들의 직업활동을 관찰하면서 직업의 어떤 특징들을 발견하였나?
④ 이 직업에 대해 더 알고 싶으면 어떤 방법으로 알 수 있을까?
⑤ 내가 좋아하는 직업과 내가 좋아하는 가족 구성원 사이에는 관계가 있을까?
⑥ 내가 싫어하는 직업과 내가 싫어하는 가족 구성원 사이에는 관계가 있을까?

(3) 가족의 일과 직업가치관

① 가족들은 자신 직업의 어떤 점들이 좋다고 생각할까?
② 가족들의 다양한 직업들 중에서 가족들은 어떤 직업이 좋다고 생각할까?

③ 가족들이 이 직업을 좋아한다면 왜 그렇게 생각할까? (특정 직업에 대해)

④ 가족들이 만일 직업을 바꾼다면 어떤 종류의 직업으로 바꾸고 싶어할까?

⑤ 가족들은 어떤 사람을 성공한 사람이라고 생각할까?

(4) 직업선호도

① 가족들의 직업 중에서 미래의 직업으로 좋다고 생각하는 것이 있다면 어떤 것일까?

② '①'의 대답에 영향을 미친 가족이 있다면 누구이며 어떻게 영향을 받았는가?

③ 가족들의 직업 중에서 미래의 직업으로 좋다고 생각하는 것이 없다면 다른 어떤 직업을 갖고 싶은가?

④ 가족들은 내가 미래에 어떤 직업을 가졌으면 좋겠다고 생각하나?

(5) 직업과 성역할

① 가족들의 직업 중에서 남자와 여자의 직업에 차이점이 있다면 어떤 점이 있을까?

② 다른 가족들에게도 남자와 여자의 직업에 차이점이 있다면 어떤 차이점이 있을까?

③ 가족들이 남자로서 좋은 직업 혹은 여자로서 좋은 직업이 있다고 생각한다면 어떤 직업들이 있을까?

(6) 가족과의 관계유형

① 가족 중에서 누가 친근하게 혹은 멀게 느껴지나?

② 가족들의 직업이 가정에서의 생활(예 : 역할, 특징)과 상관이 있나?

③ 가족들이 너무 많은 것을 기대하거나 요구한다고 생각한 적이 있나? 그렇다면 언제 그러한 느낌을 갖게 되었나?

④ 가족들은 내가 하는 것에 대해 칭찬과 격려를 해 주시나?

교사는 이 질문들을 활용하여 학생이 가계도를 바탕으로 직업의 종류와 유형, 직업의 특징, 가족의 일과 직업의 가치관, 직업 선호도, 직업과 성역할을 탐색하도록 도울 수 있을 것이다.

제5장

외국의 진로교육

진로교육은 점차 전 세계적으로 핵심적인 국가정책의 요소로 인식되고 있다. 많은 선진국들이 국가수준의 진로 가이드라인을 만들어 제공하고 있으며, 우리나라도 교육과학기술부의 주관하에 이러한 움직임이 가시화되었다.

이 장에서는 각 대륙별로 우수한 진로교육이 실시되고 있다고 판단되는 미국, 핀란드, 뉴질랜드, 일본의 진로교육에 대한 분석을 통하여 우리나라 진로교육의 방향과 개선책을 제시해 보기로 하였다. 미국은 진로교육에서 선구적인 역할을 하며 다른 나라의 진로교육에 많은 영향을 미쳤다는 점에서, 핀란드는 진로교육과 관련하여 체계적인 인력양성 정책 및 재교육체계를 가지고 있어서 우수한 평가를 받고 있다는 점에서, 또한 뉴질랜드의 커리어서비스(career service)는 OECD보고서(2004)에서 가장 모범적인 진로교육 사례로 손꼽혔다는 점에서, 일본은 우리나라와 유사한 문제점을 진로교육 체계의 개선을 통하여 해결하고자 노력하고 있다는 점에서 다루어 보기로 하였다.

1 미국

미국의 진로교육에 대한 내용을 살펴보기 위하여 크게 미국의 교육제도, 진로체계의 형성과정, 진로교육의 지원체계를 중심으로 소개한다(이지연 등, 2009 ; 한국교육과정평가원, 2010 ; 장명희 등, 2010).

1) 미국의 교육제도

수준	기관명	성질과 고유업무
국가수준	연방정부의 교육부	• 50개의 주에 대한 정치, 행정, 재정적 통제 및 관리 • 국가적 차원의 큰 교육정책을 법안으로 제시하고 각종 교육정책을 지원함
주 단위 수준	각 주의 교육부	• 구체적이고 시행 가능한 지역 수준의 법안과 가이드라인을 만들어 일선학교에 보급하고 시행하도록 지원
지역 단위 수준	각 지역의 학교교구	• 과세권을 가진 교육자치단체 • 학교교구의 모든 운영은 지역주민의 참여에 의함 • 주에서 제공하는 각 교과별 교육과정 체계에 근거하여 각 교과별 교육과정 지침서를 제작함. → 이것에 준하여 각 단위학교는 교육과정을 운영 및 편성함.

미국의 학제는 유치원을 포함하여 보통 12년의 기간으로 구성된다. 그러나 미국교육은 개별 적인 독자성과 특수성을 강조하는 철저한 지방교육자치제에 의해 운영되므로 유치원, 초등학교, 중학교, 고등학교로 나누는 방법은 주마다 차이가 있다. 따라서 같은 주 안에서도 학교 시설, 교원조직, 교육의 필요성 등에 따라 8-4-4제, 6-3-3-4제, 5-3-3-4제 등의 다양한 학제가 운영되고 있다. 유치원 교육은 의무과정이 아니지만 그 이후의 학교교육은 의무교육 과정이다. 학년제가 중심이므로 학교교구의 이동 및 학교 간 이동이 보장된다.

2) 진로교육 형성과정

미국의 진로교육 형성과정을 정리하면 다음과 같다.

연도별	특징
1970년대	• 공교육에 대한 모순과 교육성과에 대한 위기의식의 대두 - 지식교육보다 실행교육의 중요성이 부각됨 - 연방 기금과 위원회 등을 조성하여 국가수준의 진로교육 활성화 - 진로교육의 정규교육과정화 제시 (**3가지 정책**: 공법 93-380의 section 406) ① 모든 학생이 중고등학교를 졸업하면 완전한 사회참여가 가능하도록 준비시켜야 함. ② 지역사회의 교육주체는 모든 학생들이 학교교구 내에서 자신의 진로를 준비하도록 책임을 쏟음. ③ 모든 주의 교육주체는 학생의 역량에 따른 고용의 최대화를 위하여 진로교육프로그램을 수행해야 함.
1980년대	• 사회의 급속한 변화와 청소년 및 성인들에 대한 진로교육 필요성 인식
1984년	• **직업교육의 질적 향상을 위한 법안** : 퍼킨스 직업 및 기술교육법안 (The Carl D. Perkins Vocational and Technical Education Act)
1989년	• 국가수준의 미국진로개발지침(NCDG : National Career Development Guideline) 개발 및 시행 → NCDG는 이후 캐나다, 호주, 타 국가의 진로개발에 영향을 미침.
1990년대	• **강력한 국가의 개입** : 학생들이 일반교과목처럼 진로 및 기술교육을 받을 수 있게 됨 → 최근 진로 및 기술교육(CTE : Career and Technical Education)이라는 이름으로 진로 관련 교과가 운영됨.
2003년	• 평생학습의 참여에 대한 필요성 등으로 NCDG의 수정 및 보완 작업 - 진로 웹 사이트의 개발 - 진로상담자, 진로상담교사, 진로개발촉진자 등을 위한 워크숍이나 훈련프로그램을 운영함.
2006년	• **새로운 개정 법안** : 퍼킨스 직업 및 기술교육법안 - 진로교육에 있어서 인문, 진로, 직업기술의 통합 제공을 통한 진로역량의 강화를 위한 지역사회의 협조 강화 - 개정 법안을 통한 진로교육 기금의 확보 및 이를 통한 통합프로그램의 활용을 위한 지원(13억 달러의 연방기금을 확보하여 2012년까지 제공)

3) 진로교육 지원체계

구분	내용
국가수준	• 주마다 매우 복잡한 교육환경 때문에 중요한 진로교육은 국가수준의 가이드라인이 만들어지게 되었다. • 국가수준은 위의 '진로교육 형성과정'을 보면 알 수 있다. 위의 내용을 요약하면, - 미국진로개발지침 - 퍼킨스 진로 및 기술교육 향상 법안
주단위	• 국가 수준의 '퍼킨스 진로 및 기술교육 향상 법안'에 따른 진로교육 예산금액이 진로교육과정 개발 및 배포에 사용됨. - 노스캐롤라이나 주 : 블루프린트(blue print)를 개발하여 주의 규준으로 채택 - 플로리다 주 : 스탠다드 퍼스트(standard first)를 규준으로 통합교과를 개발 - 워싱턴 주의 학습지원센터 : 진로교육 웹 사이트 개발 및 운영 → 직업세계에서 요구되는 핵심적인 역량(학습능력, 사고기술, 수학, 읽기 등등)을 추출하고 수업에서 사용할 수 있는 교수법과 평가자료를 탑재
사회 기관별	• 미국진로개발 지침에 따라 - 미국직업교육연구센터(NCRVE : National Center for Research in Vocational Education)는 우수한 프로그램을 발굴하고 보급하려고 함. - 국가연구센터(NRCCTE : National Research Center for Career and Technical Education)는 중등교육 및 고등교육의 진로 및 기술교육에 학생들의 참여와 성취를 위해서 진로 및 기술교육 전문가들의 전문성 발달과 과학적 연구에서 얻어낸 지식의 배포에 힘씀. - 진로기술교육협회(ACTE : The Association for Career and Technical Education)는 청소년과 성인대상의 진로교육 발전에 노력하고 있으며, 진로기술프로그램에 대한 대중의 인식을 증진시키고 입법기관 및 정부기관과 협력하여 연방, 주, 지역에서의 진로교육 기금을 늘리는데 힘씀. 또한 인문 및 진로교육의 교과통합을 비롯한 주 교육부의 진로기술교육 정책 현황을 보고하고 있음.

2 핀란드

핀란드는 OECD의 국제학업성취도 비교연구(PISA)에서 계속된 높은 학업성취도를 나타내고 있으며, 이와 더불어 학교 간의 격차도 낮은 것으로 나타나 교육의 수월성과 형평성을 모두 확보한 우수한 사례로 평가받고 있다. 이러한 핀란드의 교육적 성취의 중요한 원인은 체계적인 인력 양성 및 재교육 체제라고 할 수 있다(한국교육과정평가원, 2010b, 2010e ; 이지연 등, 2009 ; 한국진로교육학회, 2010). 먼저 핀란드의 교육제도를 보기로 한다.

1) 핀란드의 교육제도

수준	기관명	성질과 고유업무
국가수준	국가교육위원회	• 교육 정책 관련 연구와 사업을 추진하는 기구 • 교육의 전반적 목표와 초 · 중등교육의 과목 및 과목군과 시간 배당, 학생 지도에 대한 사항 결정
지역 단위 수준	지역교육당국	• 국가 교육과정과 단위학교를 매개하면서 지역 나름의 교육과정을 마련하여 자치 범위 내의 교육적 차별화를 둠.
	지방자치단체	• 학교의 설립과 연계방식의 결정 및 교사와 교장의 충원을 책임짐. • 관내 학교에 적용할 학급의 기준도 자체적으로 정함.

핀란드의 학제는 취학 전 과정 1년, 초 · 중학교가 통합된 종합학교 9년, 일반과정과 직업훈련과정으로 양분되는 고등학교 3년, 그리고 학위를 수여하는 기관인 고등교육과정으로 구성된다. 이 가운데 종합학교 9년(7~16세)의 기간은 의무교육기간이며, 이는 초등교육 단계인 6년제의 전기과정과 전기 중등교육 단계인 3년제 후기과정의 2단계로 구분된다. 후기 중등교육은 상급 중등학교와 각종 직업교육 학교인 고등전문학교, 직업전문학교, 직업학교에서 이루어진다. 2000년부터 채택된 고등학교 무학년제 덕분에 학생들은 자신의 학습속도와 능력에 따라 고등학교 이수기간(3년)을 1년 정도 연기 또는 단축할 수 있으며 혼자서 개별학습을 통해 이수할 수 있도록 허용하고 있다. 뿐만 아니라 무학년제의 도입으로 학생들은 수준별 · 단계별로 개설된 교과목을 자신의 적성, 능력, 진로에 따라 필요한 강좌를 이수할 수 있다.

2) 진로교육 형성과정

연도별	특징
1970년대	• 핀란드 교육개혁으로 인해 유연성 있는 학교교육 체제로의 변화가 요구되었으며 이를 지원하기 위해 진로교육이 강조됨.
1980년대	• 다양한 개혁방안들로 학교 교육체제를 유연화하기 위해 노력 → 진로교육 활동이 갖는 중요성이나 위상을 높이는 데 기여함. ※ 코스 및 모듈 기반의 교과과정 운영, 학점교환, 학교 밖 교육기관에서의 교육과정 이수 인정, 개인별 학습 프로그램, 일 기반 학습기간을 직업고등학교에 통합, 학기제 운영, 무학년제 운영, 국가졸업시험의 3단계 응시체제, 직업교육 분야에서 역량기반 자격체제 도입 등
2004년	• 교육 · 연구 발전계획(Development Plan for Education and Research 2003~2008) 제시 → 진로교육이 교육체제의 효율성을 제고하고 교육 · 연구 · 직업 세계의 연계를 강화하며 교육기회와 교육평등 향상 등을 위한 중요한 요소로 강조됨. ① 복지를 강화하는 요소로 진로교육 강조 ② 교육기회 및 평등을 향상시키기 위한 방안의 하나로 진로교육 강화 ③ 진로교육 인프라인 담당교사의 양성체제를 강화

3) 진로교육 지원체계

구분	내용
국가수준	• 진로교육 서비스에 대한 내용을 관련 법령 및 국가 교육과정에 명시 • 「기초교육법」, 「중등교육법」, 「직업학교법」 등 : 모든 학생에게는 진로지도 서비스를 받을 권리가 있으며 학교는 교육의 내용과 관련하여 적절한 진로교육 서비스를 제공해야 함. • 「고용서비스법」 : 진로교육 서비스 제공과 관련한 기관 간의 연계를 의무 사항으로 규정 • 국가 교육과정(진로지도의 제공 원칙 포함) : 학교교육을 제공하는 동안 진로교육활동이 지속적으로 이루어져야 함. - 학교 진로교육은 학생들의 지속적인 학습에 일차적인 목적을 두어야 함. - 개별 교과를 통한 진로교육 운영과 함께 개인 및 집단상담, 교과와 통합된 방법 등의 다양한 전달 방법들이 총체적으로 운영되어야 함. - 학교 진로교육은 개별학교 자체적인 활동에 국한하는 것이 아니라 학교상담자, 교사, 고용서비스 사무소, 학부모, 유관 교육기관, 산업체 등의 상호 네트워크에 기반을 두어야 함. - 학교 진로교육 운영에 관한 사항은 지역별 또는 학교 단위의 교육과정 문서에 전략적인 방식으로 제시되어야 함.

서비스운영	• 교육부 중심의 학생 대상 상담 체제 • 노동부 중심의 학교 밖의 청소년 및 성인 대상의 고용 서비스 체제 • 보건사회부의 장애인, 성격장애자, 약물중독자 등의 특수계층 대상의 보건 및 사회복지영역에서의 진로교육 서비스 제공 • **교과형태의 진로지도 활동** : 학습기술, 자기이해, 계속 교육 훈련의 기회, 직업 세계의 이해 등의 내용을 다룸. • **교과 외 시간의 진로지도 활동** : 개인 진로상담 또는 집단 진로상담이 제공되며 지역사회에서 제공하는 다양한 진로정보나 진로지도 서비스의 활용 도구에 관한 조언을 받을 수 있음. • 교사의 적극적인 참여와 역할이 강조됨. • 지역별 교육과정은 지역 노동시장 및 사업체 단체와의 협력이 학교전체 활동운영에 관한 사항을 포함해야 함.
진로교육 전문 인력의 양성 및 재교육	• 전문 인력 양성 체제는 관련 법령(「교원자격법」 또는 「교원자격규칙」)에 명시되어 체계적으로 운영됨. • **학교상담자 양성과정** - 교사자격을 소지한 인력에 대한 추가 교육 훈련 - 석사학위 과정을 활용
기업체 및 유관 기관들과의 연계	• **직업생활 소개기간** : 학생들이 실제 작업현장에서의 직업생활에 관한 경험을 갖도록 하는데 목적을 두고 학교에서 습득한 지식을 실제 직업현장에서 적용해 볼 수 있게 함. • **프로그램별 위원회** : 산업현장의 기술변화에 대응하는 신 훈련 직종의 개발과 기존 훈련 직종의 개정을 주도함 → 직업교육훈련의 현장성을 높임. • **핀란드 교육연구소** : '직업생활 소개기간'을 위한 산업체 정보를 제공하는 웹 기반 네트워크 시스템인 TET-tori(http://peda.net/tet) 개발

3 뉴질랜드

OECD는 Career Guidance and Public Policy : Bridging the Gap(2004)에서 뉴질랜드의 커리어 서비스를 진로교육의 가장 모범적인 사례로 평가하고 있다. 커리어 서비스는 뉴질랜드 진로교육의 중핵적인 기구이며 특정 조직이나 기관의 이익에서 독립된 진로교육 서비스를 다양한 방식으로 제공하고 있다(한국교육과정평가원, 2010c ; 임언 등, 2008 ; 정미라 등, 2007 ; 한국진로교육학회, 2010). 먼저 뉴질랜드의 교육제도를 보기로 한다.

1) 뉴질랜드의 교육제도

수준	기관명	성질과 고유업무
국가수준	교육부	교육 관련 정책을 수립 · 실행
지역 단위수준	공공서비스부	학교가 학생들에게 제공하는 교육의 질 관리 • 교육평가청 : 학교평가 담당 • 뉴질랜드 자격청 : 고등학교 졸업시험 시행 • 교사등록위원회 : 교사들의 자격기준과 등록업무

뉴질랜드의 초 · 중등학교 제도는 1989년에 개정된 「교육법」을 근간으로 만5세부터 정규학교에 입학이 가능하며 의무교육을 제공하는 6년제 초등학교, 11~12세 학생을 대상으로 1년간 교육을 제공하는 중간학교, 13~17세 학생을 대상으로 하는 중등학교로 구분된다. 초등학교는 1~6학년이며 학교에 따라 8학년까지 구성되기도 한다. 중학교는 2년 과정이고 이후 고등학교는 'secondary school', 'high school', 'college', 'area school' 등으로 다양하게 불린다. 대부분의 학교에서는 영어로 가르치지만, 소수의 학교에서는 마오리어로 가르치기도 한다. 뉴질랜드는 전국에 8개의 종합대학과 함께 전문대학, 교육대학, 초 · 중 · 고등학교 및 사설 연수 기관에서 정규과정과 전문직업 교육과정을 이수할 수 있는 배움의 기회를 제공하고 있고 최근에는 공립과 사립의 혼합형태인 통합학교의 형태로 운영되고 있다.

2) 진로교육 형성과정

연도별	특징
1990년	• 진로정보를 생성하는 기능과 진로지도 서비스를 제공하는 기능 분리 - 진로정보 생성 : 공공에서 담당 - 진로지도 서비스 제공 : 민간으로 이양 → 민간으로 이양하는 작업은 실패하고 오히려 취약계층을 위한 서비스만 약화되는 결과를 초래함.
1999년	• 진로교육 서비스 운영을 위한 정부의 재정지원 확대 • 보편성 추구 • 특수요구집단을 위한 서비스 강화

3) 진로교육 지원체계

구분	내용
국가수준	• 학교 진로교육을 위한 가이드라인 : 단위학교에서 진로교육을 일상적인 교수-학습과 효과적으로 통합하도록 도와주는데 목적을 둠. - 학생들이 그들의 삶에서 긍정적인 진로결정을 하는데 필요한 지식, 기능, 태도를 계발하는 것 • DeSeCo(Definition and Selection of Key Competencies)에서 제안한 핵심역량을 재개념화하여 국가 교육과정에 반영 - 5개의 핵심역량(다른 사람과의 관계 형성, 참여 및 공헌, 자기관리, 언어, 상징, 텍스트의 활용, 사고하기)으로 개정
단위학교 수준	• 해당학교의 독특한 학생구성을 고려 - 학교 전반에 걸친 환경의 개선, 교수 · 학습의 지원, 학교로부터의 이행 촉진, 가정-학교 파트너십 강화, 지역사회-학교 파트너십 촉진 등 • 단위학교에서의 교수 · 학습이 학생들의 진로교육 목표를 달성할 수 있는 기회를 제공해야 함. • 학교 규모에 따라 진로교육부나 진로상담가가 배치되어 있고 청년이 서비스 등을 제공함. • 진로계획사업(Designing Careers Pilot : DCP) - 청소년들이 학교에서의 진로교육을 통하여 고등교육, 직업훈련, 직장 등으로 평생에 걸쳐 성공적으로 이행할 수 있도록 하는 것이 목적임. - 단위학교 수준의 특색 있는 진로교육을 제공함으로써 학생들이 다양한 교육 기회를 통하여 학교에서의 진로교육 서비스를 강화할 수 있도록 함.
커리어 서비스	• 뉴질랜드 진로교육의 중핵적인 서비스 기구 : 뉴질랜드 진로교육에 있어서 핵심적인 역할과 기능을 수행 • 목적 - 뉴질랜드에 거주하는 사람들이 일과 학습에 관한 선택을 잘 수행할 수 있도록 지원하고 격려함. - 사람들이 자신 있게 성공을 향한 그들만의 진로경로를 탐색할 수 있도록 함. - 초 · 중등학교, 고등교육기관, 지역사회, 작업장, 가정 등에서 진로를 탐색할 수 있는 분위기 및 여건을 조성할 수 있도록 유관기관 및 전문단체와의 협력을 추진함. - 확고한 방향성, 자신 있는 리더십, 창조적인 상호관계 등을 토대로 뉴질랜드에 거주하는 사람들의 삶에서 높은 수준의 직업생활을 영위할 수 있도록 함. → 뉴질랜드에 거주하는 사람들의 일과 학습을 지원하고 진로경로를 탐색할 수 있도록 하며 유관기관 및 전문단체와의 협력을 추진하여 사람들의 삶에서 높은 수준의 직업생활을 영위할 수 있도록 함. • 중앙정부나 지역사회의 주요 정책 담당자뿐만 아니라 진로교육 운영에 필요한 지식 및 기능을 향상시키기 위해 학교 주요 관계자를 대상으로 하는 서비스 확대 • 진로교육에의 요구 수준에 따른 차별화 전략 추구 : 웹 사이트를 통해 자기주도적인 진로설계를 위한 도구나 자료 제공을 강화함. • 삶에서의 직업(work-in-life)을 추구 : 단순히 작업장의 문화나 제도를 개선하는 것에 그치지 않고 사람들로 하여금 현재와 미래의 삶에 적합한 것인지에 대한 이해와 판단을 토대로 진로결정을 하도록 실질적인 정보나 진로지도 제공
그 외	• 개인 이력 맞춤형 서비스(CV 4 Me) : 개인이 웹사이트를 통해 이력서를 작성하면 직업과 관련된 데이터베이스를 통하여 개인 맞춤형으로 진로서비스를 제공

4) 국가단위의 진로계획

국가수준에서 진로역량을 강화하기 위한 뉴질랜드의 진로교육 과정을 [그림 5-1]을 통해서 보기로 한다.

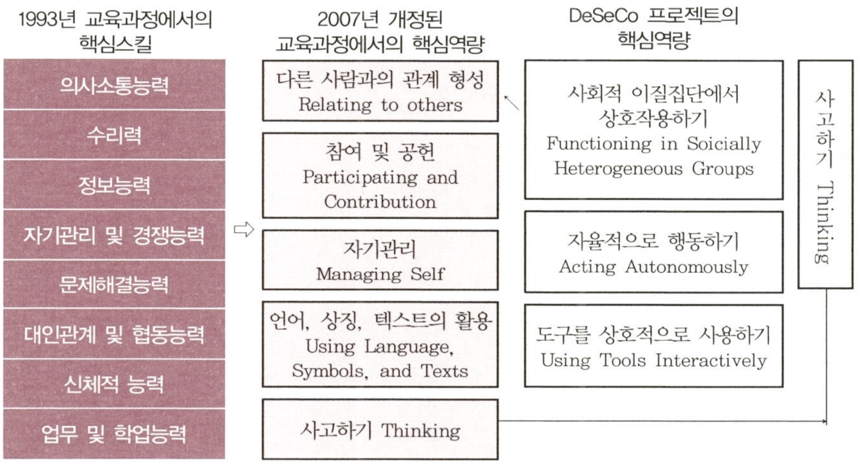

[그림 5-1] **뉴질랜드 국가 교육과정에서의 핵심역량**

4 일본

일본은 우리나라와 비슷한 교육체계를 가지고 있으며 진로교육이 강조된 사회적 배경이 비슷하다. 또한 과도한 입시경쟁, 청년실업, 니트족 확대, 퇴직 후의 진로교육 등과 같은 사회적인 문제를 해결하기 위한 방안의 하나로 진로교육이 강조되고 있으며 실제로 진로교육의 체제 개선을 위한 다양한 시도를 보여주고 있다(김현숙, 2010 ; 신현석 등, 2010 ; 최지희 등, 2010 ; 김나라, 2008a, 2008b).

1) 일본의 교육제도

수준	기관명	성질과 고유업무
국가수준	문부과학성	• 국가주도의 중앙집권적 체제하에 교육과정의 편성과 교육에 관한 법률제정 등을 국가가 수행함.
지방수준	교육위원회	• 지방 교육위원회의 장은 교육장이며 교육장은 지방자치단체장이 임명함. • 예산권은 없음. • 학생입학과 교원채용, 학교관리 및 운영에 관한 지도와 조언 및 명령과 같은 교육분야와 함께 문화 및 예술에 관한 사무도 관리하고 집행함.

일본의 학제는 6-3-3-4의 단선제를 취한다. 초등학교 취학연령은 만 6세이고 취학전 교육은 유치원과 보육원으로 나뉜다. 유치원은 문부과학성 소관의 학교이며 보육원은 후생노동성 소관의 아동복지시설이다. 따라서 보육원은 학교교육법에 의한 학교가 아니다. 초등학교 6년간의 과정을 마치면 6년간의 중등교육기관으로 진학하게 된다. 중등교육학교의 전기과정은 중학교에 해당되며, 중등교육학교의 후기과정은 고등학교에 해당한다. 고등교육으로는 일반대학교와 단기대학, 전문학교가 있다. 일반대학교는 4년제 대학을 말하며 단기대학은 우리나라의 전문대학에 해당된다. 보통 3년제 대학이 일반적이나 2년제 단기대학도 있다.

2) 진로교육 형성과정

연도별	특징
1947년	• 태평양 전쟁의 패전과 미군정 치하에 「교육법」이 제정됨. - 이때부터 고등학교 졸업후 대학진학을 목표로 한 반과 직업생활의 시작을 목표로 하는 전문교육이 같이 시행됨. - 전후 경제부흥과 경제성장에 따라 공업계 중심의 학교가 중견기술자를 양성함.
1990년	• 버블경제의 붕괴에 따라 장기간의 경기침체에 의해 비정규직으로써 고용을 충당하게 됨. - 실업계 고등학교의 부진과 기술인력에 대한 수요의 감소로 전문고등학교 지원자가 감소. - 상대적으로 취직률이 높은 대학진학의 희망자 수가 증가.
2005년	• 높은 이직률과 프리터와 니트의 존재로 사회문제화됨에 따라 진로의식을 높이기 위하여 진로체험주간(career-start week)을 설정함(5일 이상의 직업체험

	및 인턴십 실시). →진로체험 활동이 중학교 수준에서 등교거부 현상을 줄여줌.
2006년	• 개정 「기본교육법」 : 직업생활을 중시하고 근로를 중시하는 태도의 배양에 초점을 둠. →이유 : 젊은이들의 근로관 및 직업관의 희박, 높은 이직률과 아르바이트나 파트타임 종사자와 같은 프리터의 증가와 청년무업자인 니트족의 증가 때문.

3) 진로교육 지원체계

구분	내용
국가수준	• 문부과학성 초등교육국 아동생도과를 주축으로 국립교육정책연구소 생도지도교육센터와 교원연수센터의 3개 기관이 일본의 학교 진로교육 개선방안을 집중적으로 연구하고 관리함. - 문부과학성 아동생도과 : 진로업무 총괄 및 다양한 협의회 개최 →전국고등학교 취직지도 담당주사 등이 진로지도 실천사례에 대한 정보교환, 매년 중·고등학교의 진로교육 담당주사를 대상으로 정보교환 - 국립교육정책연구소 생도지도교육센터 : 진로교육에 대한 정책 입안의 목적으로 초중고에서의 진로교육내용 및 방법 등에 대한 연구 수행 →진로학습 자료 및 프로그램을 만들어 교육위원회와 학교에 배부하여 실제 수업에 사용하도록 함. - 교원연수센터 : 교육위원회의 진로교육 담당주사 및 중고의 진로교육 담당주사를 대상으로 전문지식 및 기술 관련 강좌를 실시 →진로선택과 과목에 대한 상담연수를 실시
산학연계	• 독일의 듀얼 체계를 본보기로 한 실무-교육연결형 인재양성 체계인 일본형 '듀얼 체계'를 전국 20개 도도부현의 25개 전문고등학교에서 추진 • 학교에서는 일반교양 과목을 배우고 기업에서 실천적인 직업기술을 익힘. ※ 듀얼체계는 산업 현장에서 학생이 학교에서 학습한 내용을 바탕으로 진로와 관계한 취업체험을 하는 것으로 학교와 기업이 연계하여 인재를 육성하는 직업교육 체계
외부	• 키자니아(Kidzania) : 일본의 대표적인 직업체험관 ※ 일본 키자니아의 직업체험장은 파빌리온이라 불리며 직업체험을 통해 킷조를 벌 수 있는 곳과 쓸 수 있는 곳으로 나뉘어져 있다. 각각의 직업체험장에서 아이들은 자신이 원하는 직업을 체험할 수 있으며 한 가지 직업체험을 하는 데는 30분 정도가 소요된다. 운영을 위해 기업후원을 활용한다. 몇 개의 체험관은 영어로 운영되어 글로벌 스탠다드를 도입하고 있다. • 삶에서의 직업(work-in-life)을 추구 : 단순히 작업장의 문화나 제도를 개선하는 것에 그치지 않고 사람들로 하여금 현재와 미래의 삶에 적합한 것인지에 대한 이해와 판단을 토대로 진로결정을 하도록 실질적인 정보나 진로지도 제공

초 · 등 · 학 · 교 · 와 · 진 · 로 · 교 · 육

제6장

교육자와 진로지도

이 장은 초등학교 교사들이 진로교육을 할 때 필요한 다양한 관점과 정보제공을 위해서 서술되었다. 진로교육과 관련하여 교직자들의 사회경험이 너무 적다는 외부의 평가를 반영하려고 하였다. 그리고 진로교육이 기존의 교과목과 성질을 달리하는 측면이 많기 때문에 초등학교에서 진로교육의 정의, 진로교육이 갖는 의미, 일의 개념, 직업사전, 진로교육의 실태, 현장교사들의 연구방향 등과 같이 다양한 주제를 통하여 진로교육에서 요구되는 교육자로서 가져야 할 시각과 방향을 탐색해 보기로 하였다.

1 초등학교와 진로

1) 진로교육의 정의

1971년 늦가을, 노스캐롤라이나 주립대학의 직업교육 센터가 주최한 국가초청 학회 모임에서 각각의 참가자들은 그들이 생각하는 진로교육의 뜻을 적어 익명으로 제출했는데 다음과 같은 6가지의 다양한 관점으로 정리되었다(Hoyt, 1972).

첫째, 진로교육은 총괄적인 학교 커리큘럼의 한 부분이다. 이런 관점에서 진로교육은 학생의 성공적인 취업, 일에 적응, 승진을 위해 필요한 필수적인 지식과 탐구경험, 능력 등을 제공해야 한다.

둘째, 진로교육은 사회의 만족과 생산을 위해 사람들이 준비해야 하는 종합적인 교육프로그램이다.

셋째, 진로교육은 개인이 일에 성공적으로 적응하는 것에 초점을 맞춘 종합적인 교육 과정이다.

넷째, 진로교육은 인생에서 성공하기 위해 일생 동안 이루어지는 체계적인 발달과정이다.

다섯째, 진로교육은 학습경험의 한 부분이다. 그러므로 진로교육은 한 인간의 재능과 그의 직업에 필요한 능력을 발견하고 정의, 개선하는데 도움을 주는 모든 교육을 포함시켜야 한다.

여섯째, 진로교육의 목적은 직업세계와 고용임금제도 등의 전체적인 이해와 인력기능을 발전시키는 것이다.

이와 같은 관점을 또 다시 정리하면 진로교육은 총괄적인 학교 프로그램의 한 부분이며 일에 성공적으로 적응하고 자신의 능력을 체계적으로 발달시켜 나가는 발달과정으로 정의될 수 있을 것이다. 진로가 발달과정으로 정의되기 위해서는 대략 5가지 정도의 전제 조건을 충족시켜야 할 것이다.

① **교육자의 역할** : 진로교육에서 교사는 진로의 중요성을 인지하고 진로교육에 대한 동기화가 되어 있어야 한다. 이런 교사가 학습과 진로를 잘 연결할 수 있다.

② **정규교과와 직업기술 교육** : 진로교육은 학생들이 직업세계에서 성공할 수 있는 필수적인 직업기술을 제공하는 것이다. 예를 들어, 수학 수업이 미래의 기사나 수학자, 기술자를 위한 직업기술 교육의 역할을 한다는 것이다.

③ **진로개발 프로그램** : 학생들이 그들의 가치나 흥미, 능력, 기량을 이해하도록 돕는 프로그램이다. 뿐만 아니라 학생들이 자신을 이해하고, 직업 체험의 기회를 갖고, 직업 간의 관계를 이해하도록 돕는다. 이러한 이해를 바탕으로 직업 및 진로선택에 도움을 제공한다.

④ **기업 · 노동 · 산업사회의 노력** : 기업 · 노동 · 산업사회의 협조를 위해서 교사, 상담자, 감독관, 학교행정가, 사회기관이 함께 노력해야 한다는 것을 인식하고 있어야 한다.

⑤ **가정의 역할** : 일반적으로 부모의 양육태도가 학생의 진로에 영향을 주고, 학생들은 가정에서 직업의 가치를 배운다. 또한 가정에서 소비자교육이 이루어진다. 그러므로 아동의 진로발달을 위해서 부모교육이 필요하다는 사실을 알아야 하며, 부모에 대한 진로교육을 어떻게 실시할 것인가를 염두에 두고 있어야 한다.

2) 진로교육의 필요성

21세기는 기존의 직업에서 자신의 직업을 찾는 것이 아니라 자기 스스로 자신의 일자리를 만들어 나갈 수 있는 역량을 진로교육을 통해서 키워나가야 한다. 이것을 진로역량강화 교육이라고 부를 수 있다. 그러므로 진로교육은 역량의 강화 방법 가운데 하나다. 사람과 직업을 몇 가지 특성에 따라 분류하고 양자간의 연결 내지 짝짓기를 지원하는 방법은 전통적인 진로개발의 모형으로 부를 수밖에 없다. 우리나라에서 많이 알려진 Holland 진로모형이 대표적으로 여기에 속한다.

진로교육은 변화하는 사회와 역동적인 직업세계의 환경변화에 대응하여 발달적인 관점에 따라 단계별로 구획화된 발달과업의 수행형태를 제시하는 것이 아니라 생애에 걸쳐 진로개발의 역량을 길러주는 방향으로 교육하는 것이 세계적인 추세다(진미석, 2012). 진로교육이 진로개발 역량의 함양을 목표로 할 때 학교 급별 진로교육 역시 진로개발 역량을 중심으로 하되, 학생들의 발달단계와 발달과업에 따라 학교 급별 진로교육의 목표는 기본적인 요소를 공유하는 가운데 강조점을 달리하며 차별화된 형태로 구성되어야 할 것이다.

초등학교가 중등학교로 나아가는 단계의 시작이므로 초등학교 수준에 맞는 진로교육의 목표를 설정할 필요가 있다. 진로교육이 자기이해와 사회적 기초역량, 일과 직업세계의 이해, 진로탐색, 진로디자인 및 준비의 네 영역의 역량으로 구성된 진로개발 역량을 개발하도록 지원하는 것으로 볼 때, 초등학교에서는 자기이해와 사회적 역량개발 및 일과 직업세계의 이해에 대한 비중이 높아야 하고 고등학교에서는 진로디자인과 준비의 비중이 가장 높아야 한다. 그러므로 진로는 연계적 교육의 성격을 갖는다고 말할 수 있다.

3) 진로교육의 의미

초등학교에서 이루어지는 진로교육의 의미를 이해하기 위해서는 초등교육과정의 성격을 먼저 이해할 필요가 있다. 교과와 생활의 관련성에 대한 논쟁은 오래되었다. 교과와 생활을 분리해서 보는 이원론적 관점의 보수주의자들에 따르면 학교에서는 생활이 아닌 교과를 가르쳐야 한다고 주장한다. 반면에 진보주의자들은 학교가 생활에 유용한 것을 가르쳐야 한다고 보았다. 일원론적 견해 가운데 생활에 중점을 둔 견해로 보면, 교과는 삶에서 파생된 것으로 삶을 개선하고 생활에 필요한 것과 아이들의 경험을 연관 지어 교육과정을 구성해야 한다는 논지를 펼칠 수 있다. 그러나 교과에 바탕을 둔 견해는 내재적 가치를 지니는 지식의 형성을 교육의 내용으로 삼아 가르친다면 인생의 항로를 결정하는 진로교육도 저절로 이루어질 것이라고 주장한다.

초등교육과정을 보는 두 가지 입장의 차이에도 불구하고 많은 사람들은 초등학교 시기의 진로교육이 교과교육을 통해서 전달되어야 한다고 주장한다. 진로교육이 삶의 안목을 길러주는 것이라면 자신이 어느 분야에 어떤 적성을 가지고 있는지 알기 위해서라도 각각의 교과를 배워야 한다. 각각의 교과에는 살아가면서 갖춰야 할 지식이나 덕목 등이 내재되어 있으므로 자신이 어느 분야의 어떤 적성을 가지고 있는지 알기 위해서는 그 교과에 관해 진지하게 탐구하고 공부하여 자신의 적성과 맞는지 맞지 않은지를 판단해야 한다. 별도의 진로교육의 프로그램을 개발하고 수업시수를 확보하여 지도하는 것처럼 교과교육과 별개의 진로교육이 존재하는 것이 아니라 교과교육을 통해서 자신의 진로를 개발하는 것이 바람직할 것이다. 즉 총체로서의 삶이 담긴 교과를 배우는 것이 진로교육이지, 삶을 잘살기 위한 또 다른 교육내용의 하나로 진로교육을 배우는 것은 아니기 때문이다. 이런 관점에서 본다면 현재 단위학교에서 이루어지고 있는 교과활동을 통한 진로교육. 특기 및 적성활동을 통한 진로교육, 재량활동을 통한 진로교육, 특별활동을 통한 진로교육과 같은 교육방법이 온당한 것으로 평가된다.

4) 진로교육의 발달

진로교육은 1960년대 미국에서 공교육체계가 가지고 있는 모순과 한계, 그리고 학습성과에 대한 위기의식에서 출발하여 학교에서 직업세계에 대한 특별한 준비가 필요하다는 생각으로 시작되었다. 1970년 미국의 교육위원회에서 진로교육이라는 용어를 사용하기 시작하였으며 그 이후 미국의 Marland위원이 진로교육의 개념을 확산시켰으며, 그의 주도하에 미국연방정부는 모든 학생의 진로교육을 추진하였다. 현재 미국의 초등학교의 교육과정에는 학과수업 중 진로교육의 시간 할당이 점점 증가하여 기초교육과 선택교육의 시간이 엇비슷해지고 있다. 미국의 진로교육이 한국의 진로교육에 미친 영향력이 너무도 크므로 미국의 진로교육이 부각되게 된 사회적 · 경제적 배경, 사상적 배경. 학문적 배경을 간단히 언급하기로 한다(김진영, 2011).

(1) 사회적 · 경제적 배경

19세기 후반부터 급성장을 이룬 미국은 20세기에 고도 경제성장을 이루었다. 광대한 영토, 풍부한 자원, 노동이민의 3가지 조건은 미국을 강한 경제대국으로 만들었다. 이 같은 경제성장은 중등교육의 대중화를 촉진시켰다. 따라서 학생들은 적성, 능력, 개성 면에서 그전보다 다양해졌으며, 그에 따라 교육에 대한 요구

역시 다양해지게 되었다. 고도의 산업화는 부익부 빈익빈 현상을 낳았으며 부모들은 자녀의 미래에 대하여 적합한 진로를 선택하는 일에 더욱 신경을 쓰게 되었다.

(2) 사상적 배경

자본주의의 팽창은 사회의 각 계층에게 갖가지 왜곡과 모순을 낳았다. 이러한 왜곡과 모순을 시정하려는 노력이 20세기 미국을 중심으로 전개되었다. 고도성장의 폐해는 노동자의 유혈사태를 낳았으며 신문은 대서특필하였다. 이러한 우려로 20세기 초반의 개혁운동은 사회개혁운동이 목표가 되었다. 이 시기의 미국 대통령이 루즈벨트이다. 당시 사상의 기저는 과학성, 합리성, 능률성, 기계성이 중시되었는데 이러한 사회개혁사상의 영향을 받아 직업지도 운동이 더욱더 부각되었다. 학문적 편중의 일방적 학교교육으로부터 실질적인 직업능력이나 직업교육이 학교교육의 일부가 되었다. Parsons의 직업선택에 따른 자유와 직업을 통한 행복한 인간관의 기치아래 직업교육 운동은 더욱 확대되었다.

(3) 학문적 배경

19세기 후반부터 심리학자들에 의해서 시작된 정신측정운동은 직업교육의 발전에 영향을 주었다. 개인의 특성과 직업의 특성을 효과적으로 연결시키기 위해서는 각종 심리검사에 의해 개인의 흥미, 적성, 능력 등을 정확히 측정할 필요성이 있었기 때문이다. 이 같은 필요성이 특성이론가들에 의해 계승되고 발전되었다. 심리검사 가운데 진로교육에 많이 이용된 것이 지능검사, 적성검사, 흥미검사 등이었으며 나중에는 심리검사의 지나친 사용에 따른 문제점이 부각되기도 하였다. 20세기 초의 산업심리학의 발달도 직업교육에 영향을 미쳤다. 시간과 동작에 대한 연구는 직업정보를 제공하기 위한 수단이 되는 직무분석에 도움을 주었다. 1920년 이후 산업심리학자들은 적성검사의 개발, 직무분석, 직업만족도 조사 등 여러 가지 측면에서 진로교육의 발달에 도움을 주고 많은 영향을 끼쳤다.

5) 진로교육의 내용

진로교육이 성공적으로 이루어지기 위해서는 진로교육의 함축적 내용과 개념을 정확하게 이해하는 작업이 필요하다. 이를 위해서 직업의 사회적 기능과 역할, 직업세계의 본질적 측면, 직업의 가치, 직업과 교육과의 관계를 알아보기로 한다.

(1) 직업의 사회적 역할에 대한 개념

① 사회가 유지되려면 최소한 몇몇은 일해야 한다.
② 사회는 많은 사람들이 일을 함으로써 유지된다.
③ 사회에서 이루어지는 모든 일, 직업은 영예롭고 귀하다.
④ 훈련받고 경력 있고 생산적인 직업인들은 그렇지 못한 직업인들보다 더 유용하고 고용이 잘 된다.
⑤ 직업은 그 사람의 삶의 기준을 정한다.
⑥ 직업은 그 사람의 자존감과 가치를 높인다.
⑦ 교육과 일 그리고 여가의 활용은 서로 관련되어 있다.
⑧ 개인이 가진 인간관은 협력하는 일에 영향을 미친다.
⑨ 한 사람이 자신의 직업에 만족하는 것은 그 자신과 작업환경의 조화에 달려 있다.
⑩ 경제체제는 사람들이 일하도록 하는 장려 정책을 마련하고 있다.
⑪ 현재의 경제체제는 노동기회에 영향을 미친다.
⑫ 직업의 전문성은 직업 간, 노동자 간 상호의존으로 만들어진다.

(2) 직업세계의 본질에 대한 개념

① 생산자와 소비자가 있다.
② 다양한 직업 세계는 몇 가지 방법으로 분류된다.
③ 직업군이 존재한다.
④ 직업에 따라 책임의 수준이 다르다.
⑤ 편리한 삶을 위해 기술을 사용하는 방법을 배워야 한다.

(3) 직업가치에 대한 개념

① 사람들은 보수와 만족감에 따라 일한다.
② 어떤 사람은 타인이 기피하는 일을 즐긴다.

③ 일반적으로 훈련을 받은 경력자들은 하던 일에 안정감을 느낀다.
④ 삶의 모습은 직업과 관련 있다.
⑤ 사람들은 자신이 가치 있는 사람이기를 원한다.

(4) 직업세계와 교육에 대한 개념

① 일은 교육과 관련이 있다.
② 직업은 다양하기 때문에 다양한 수준의 학습방법이 필요하다.
③ 기본 교육은 직업의 성과를 증가시킨다.
④ 일을 수행하기 위해서 특별한 지식과 일반적인 지식이 필요하다.
⑤ 직업을 수행하기 위해 많은 훈련의 과정이 필요하다.
⑥ 직업인들은 삶에서 몇 번의 휴가가 필요하다.
⑦ 다른 일에서 성과를 얻기 위해서는 다른 기술과 지식이 필요하다.

2 일과 직업

1) 일의 정의

일(work)에 대한 정의는 매우 다양하다. 일부 학자들의 정의에 따르면 일이란 자기 자신과 타인에 의해 가치가 부여된 대상에 대한 체계적인 추구활동이라고 할 수 있다. 가치화된 대상이란 일 자체에 대한 즐거움이고, 체계적인 추구는 일에 종사한 결과 주어지는 경제적 보상, 일 역할, 일과 생활을 촉진시킬 수 있는 여가 등이다. Super는 육체적인 일(labor)로서 생존, 생계유지에 요구되는 신체적 및 정신적 노력을 통한 생산적인 일과 고용상태의 일(employment)로서 임금을 받는 일, 살림살이와 같은 간접적인 임금을 받는 일, 그리고 여가(leisure)로서 임금을 받는 일에서 주어지는 자유시간 혹은 임금을 받지 않는 일에서 주어지는 자유시간으로서 휴식, 놀이, 휴가 등으로 구분하였다.

Super의 일과 관련된 단어들에 대한 정의는 두 가지 관점에서 설명될 수 있다.

첫째, 심리학적 관점이다. 이것은 개인의 행동에 일과 관련된 지각, 정의, 동기 등으로 설명할 수 있다. 따라서 일이란 말에는 일과 관련된 다양한 측면의 내용이 함축되어져 있다.

둘째, 사회학적 관점이다. 사회학자들에 의하면 인간이란 경제적인 동물도, 심리학적인 도구도, 정치적 및 배타적인 문화인도 아니라고 한다. 인간이 인간다워지는 즉 참다운 인간성은 사회를 구성하는 집단에 속해 있는 존재일 때 가능하다고 한다. 이러한 관점에서 본다면 일은 일하는 사람, 직위 그리고 목적의 맥락에서 이해되어야 한다. 따라서 일은 두 가지의 차원에서 설명될 수 있는데, 좁은 의미의 일이란 개인의 생계유지 수단이고, 넓은 의미의 일은 다양한 집단의 구성원으로서 자신의 위치를 유지하거나 향상시키기 위해 일을 한다고 보는 것이 타당할 것 같다.

2) 일의 목적

고대로부터 일은 오랫동안 논의되어온 주제였다. 인류학자와 역사학자들에 의하면 일이란 생존을 위해 그리고 삶의 질을 향상시키기 위해 인간이 노력하여 얻어낸 문명의 도구라고 한다. 미국의 교육부 장관 Bell은 다음과 같이 말한다. “미국에서 일이란 한 개인이 확인되고 검증되는 수단”이라고 할 수 있다. 청소년은 일을 통해서 성장하게 된다. 일을 통해 근로자로서의 사고와 삶이 형성된다. 그리고 성인의 생활에서 일은 없어서는 안 될 생명과 같은 것이다.

〈표 6-1〉은 일이 충족시켜줄 수 있는 욕구와 범위를 제시한 것이다. 제시된 욕구와 목적은 상호 배타적인 것이 아니다. 한 개인은 일을 통하여 여러 가지 다양한 형태의 경제적 · 사회적 · 심리적 욕구와 목적을 성취하려고 노력한다는 사실을 보여준다.

〈표 6-1〉 일이 주는 다양한 목적

경제적	사회적	심리적
• 소원이나 욕구를 만족시킴. • 물리적인 재산의 획득 • 미래 예기치 않은 사고 등에 대비 • 투자나 지연만족을 주는 유동자산 • 상품과 서비스 등의 구매 가능 • 개인적인 성공의 증거가 됨. • 여가생활 등을 즐길 수 있음.	• 사람을 만날 수 있는 장소가 됨 • 친구를 사귈 수 있음. • 인간관계를 맺게 해 줌. • 직장과 가족에게 사회적 지위를 부여 • 타인들로부터 가치 있는 존재로 지각됨. • 타인들로부터 필요한 존재로 지각됨. • 책임감	• 자긍심을 부여해 줌. • 정체감을 형성시켜줌. • 질서 안정감을 느낌. • 기대감과 신뢰감의 형성 • 숙달과 유능 감을 느낌. • 자기효능 감을 느낌. • 참여를 높임 • 개인적 평가

이상의 목적들은 일이 얼마나 중요한가를 말해주며, 성공, 가족, 여가, 의무와 같은 가치들과 관련되어 있다. England(1990)는 선진산업국가를 대상으로 일의 의미에 관한 연구를 통하여 다음과 같은 8가지 유형을 확인하였다.

첫째, A형(non-work centered, non-duty-oriented workers) 집단은 일에 대한 가치가 부족하고, 일을 통한 고용주와 사회에 대한 의무감이 없는 경우이다. 따라서 많은 자유시간을 보장해주는 일을 구한다. 일보다 대인관계에 높은 가치를 부여한다.

둘째, B형(non-work-centered, high duty-oriented workers) 집단은 일을 재미없는 활동이라고 정의한다. 비교적 가족, 종교, 여가와 관련성이 많으며, 8개의 집단 중 가장 많은 사람들이 여기에 해당된다.

셋째, C형(economic worker pattern) 집단에서 일이란 지시 받은 일 혹은 신체적인 일을 하는 사람들로 정의한다.

넷째, D형(high rights and duties economic workers) 집단은 소속감을 얻기 위해 일을 한다.

다섯째, E형(low rights and duties non-economic) 집단은 정신적으로는 노력분투 하지만 일은 즐겁지 않은 것으로 생각한다. 8개의 집단 중 지위와 위신에 많은 관심을 갖고 있으나 일을 사회에 공헌하는 차원으로는 생각하지 않는다.

여섯째, F형(moderately work-centered, non-economic, duty-oriented workers) 집단은 일을 사회에 공헌하는 것으로 여기는 집단으로 경제적인 가치에 가장 낮은 의미를 부여한다.

일곱째, G형(work-centered and balanced values workers) 집단은 일은 가치를 부여하는 어떤 것으로 생각한다. 일에 책임이 따르는 것으로 지각한다.

여덟째, H형(work-centered expressive workers) 집단은 일에 대하여 가치 부여, 책임이 따르는 것으로 생각한다. England에 의하면 일의 의미에 대한 8가지 유형과 일의 결과로 주어지는 수입, 일의 질, 일 만족, 직무만족과 같은 가치와의 관계를 확인한 결과 일반적으로 관계간의 값은 A, B, C, D, E, F, G, H 순으로 증가하였고, E, F, G, H 집단이 A, B, C, D 집단보다 일에 대한 가치를 낮게 보았다고 하였다.

3) 직업 및 가치

직업은 개인이 사회에서 생활을 영위하고 수입을 얻을 목적으로 종사하는 지속적인 사회활동으로 정의될 수 있다. 따라서 직업의 구성요건으로 사회활동을 통하여 소득이 발생해야 하며 간헐적이지 않고 지속적인 활동이어야 하며 합법적이어야 한다. 그러므로 직업은 생계유지의 수단이 될 수 있으며, 개인은 일을 통하여 자신의 능력을 발휘하고 내적인 만족감을 얻으며 이를 통해 자아를 실현할 수 있다. 이러한 자아실현이 사회적 기여와 연결되어야 한다.

또한 직업은 올바른 직업가치관(work values)에 입각해야 한다. 직업가치관은 한 개인이 자신의 직업에 대하여 갖는 생각, 즉 무엇을 원하는가에 대한 관점으로 정의될 수도 있다. 이러한 직업가치관은 직업의 선택 및 결정에 중요한 영향을 미친다. 일반적으로 진로성숙도가 높은 사람일수록 내면적 가치를 중시 여기며 타인들의 영향 보다는 자신의 정보 수집과 자기조사에 의한 활동을 더욱 신뢰하는 것으로 나타나고 있다.

일의 가치를 포함하는 개인의 가치관은 인생에서 매우 일찍 형성된다. 개인의 가치관은 살아가는 특정 사회의 가치체계에 의해 많은 영향을 받고, 특히 가족과 친구, 동료에 의해 민감하게 영향을 받는다. 이렇게 형성된 가치관 때문에 한 개인은 일의 개념과 자신의 일의 의미, 목적, 방향을 살핀다. 그러므로 개인의 가치관이 일의 가치에 영향을 준다고 설명할 수 있다. 이런 이유로 학교는 학생이 자신의 미래를 위해서 의미 있는 가치 체계를 찾고 개발하도록 돕는다.

일이 지닌 가치를 역사적으로 설명할 때 Weber는 신교도 윤리 대 자본주의적 영혼에 대한 그의 책에서 프로테스탄트주의의 이론적 개념의 일부가 초창기 자본주의의 출현에 필수적인 직업윤리의 발전을 도왔다고 주장했다. 자본주의 이전의 직업윤리는 "왕과 성직자를 위해 네가 소비하는 것 보다 조금 더 생산해라."였다. 그러나 자본주의의 출현은 많은 사람들이 소비하는 것 보다 더 많이 생산 및 저축하고, 생산성 향상을 위해 자본을 투자할 것을 요구했다.

열심히 일하고 절약하는 것은 초기 자본주의에 적합한 직업윤리였다. 그러나 이후 성숙한 자본주의 모델에서는 기계가 물리적 노동을 대체하고, 사회가 돌아가기 위해 절약하지 않는 소비자들이 반드시 필요하였다. 물리적 노동을 기계가 대체할 수 있게 되자, 기계로 대체 될 수 없는 봉사와 지적 기술이 강조되었다. 자본주의는 점점 발달하여 재정적인 보상 없이도 자신들의 다양한 욕구를 충족시킬 수 있게 되었다. 이러한 변화로 볼 때, 우리가 살고 있는 세상은 다양한 요소들을 결합하고 있으므로 단순하게 직업윤리를 정의 내리는 것은 불가능하다. 완벽하진 않지만, 직업윤리 내지 직업에 대한 가치나 노동에 대한 가치의 변화를 3가지 시대적 흐름으로 설명해 볼 수 있다.

첫째, 일하는 사람은 먹을 수 있고 그렇지 않은 자는 먹을 수 없다. 그리고 모든 정직한 일은 가치와 존엄을 가진다. 따라서 일은 개인의 구원을 위해 필수적이고 빈둥거리는 것은 죄악이다로 설명될 수 있는 노동력 중심의 농업시대의 직업윤리를 가정해 볼 수 있다.

둘째, 일할 수 없는 사람도 먹을 수 있다. 그리고 일은 사회적 보상을 획득하기 위한 수단이다. 그러므로 사람은 그가 가진 교양을 보고 잘 알 수 있다는 논리로 설명되었던 1860~1950년대의 산업화 기간에 적절했던 직업사회의 윤리의식을 상정해 볼 수 있다.

마지막으로, 일을 할 수 없거나 혹은 일을 하려고 하지 않는 사람도 먹을 수 있다. 그리고 일을 하는 것은 사회에 공헌하는 행위다. 따라서 사람은 타인에 대한 봉사활동을 통해서 가장 잘 이해될 수 있다는 서비스 지향 사회의 직업윤리 의식이다.

노동력 중심의 농업시대를 오늘날과 비교했을 때 이 시기에는 사장이나 중간 관리자가 거의 없어서 노동자 개개인의 책임이 막중했다. 그들은 대부분 그들이 해야 할 일이 무엇인지, 왜 해야 하는지 얼마나 중요한 일인지를 스스로 알고 있었다. 1860~1950년대의 산업화 기간의 직업사회에서는 대량생산이 단순한 이론이 아닌, 현실이 되었다. 따라서 노사협상의 원칙들이 만들어지고 실천에 옮겨졌다. 그러나 이 시기에는 불행하게도 공장에서 노동자들에 의해 상품이 생산되었지만 제조된 상품에 대한 최고 우위는 제작에 참여하지 않은 사람들이 점유하였다. 서비스 지향의 사회로 들면서 제품보다 제품의 판매, 분배, 수리, 교육, 행정, 금융, 여가 등 다양한 활동서비스를 생산하는데 더 많은 노력을 기울였다. 상당수의 사람들이 서비스업에 종사하고 있는 것이 현대 삶의 특징이기도 하다. 따라서 일의 가치는 시대의 흐름에 따라 개인의 특성에 따라 바뀌므로 일에 대한 가치는 하나가 아니다. 우리나라의 경우에는 직업에 대한 편견이 많다. 그리고 직업에 대한 위신(position)이 지나치게 강조되고 있으므로 이런 편견을 초등학교 시절부터 진로교육을 통하여 수정해야 한다.

3 직업사전

우리나라 초등학교 교사들의 진로교육 장애요인은 교과 진도의 부담으로 인한 시수 확보의 어려움, 진로교육에 대한 인식부족, 진로교육의 필요성에 대한 이해부족, 자기이해와 다양한 직업세계를 탐색할 수 있는 자료의 부족으로 나타났다. 직업정보에 자주 노출되는 것이 직업 세계에 대한 지식을 확대할 수 있는 중요한 한 가지 방법이라는 점과 직업탐색 자료의 개발이라는 측면에서 초등진로 교육을 위한 교과내용 기반의 직업사전의 개발과 적용을 연구(이은정, 2007)하기도 하였다. 또한, 진로교육과 관련하여 현실적으로 직업사전(dictionary of occupations)을 이해하는 교육은 필요하기 때문에 이 장에서 한국직업사전(2012)을 발간연혁, 활용방법으로 나누어 소개하기로 한다.

1) 발간연혁

우리나라 최초의 《한국직업사전(1969)》은 한국표준직업분류와 국제노동기구의 국제표준직업분류의 소분류 체계를 적용하여 3260개의 직업을 담아서 만들어졌다. 그 이후 1986(1판), 1995(2판), 2003(3판)년까지 수정보완을 거쳤다. 2012년에 이르러 한국고용정보원을 통하여 《한국직업사전》 통합본 4판이 완성되었으며, 이때부터 한국표준직업분류가 사용되지 않고 한국고용직업분류(KECO)를 사용함으로써 우리나라의 노동시장 현실을 제대로 반영하고 일-훈련-자격 체계의 일관성을 도모하고자 11,655개의 직업을 수록하여 새롭게 완성되었다.

기존의 한국표준직업분류는 대분류에서 10개(관리자, 전문가 및 관련 종사자, 사무 종사자, 서비스 종사자, 판매 종사자, 농림어업 숙련 종사자, 기능원 및 관련 기능 종사자, 장치 · 기계조작 및 조립종사자, 단순노무 종사자, 군인)를 중심으로 분류하였다. 이와 같은 한국표준직업분류 체계는 직업 관련 통계자료의 정확성 및 비교성을 확보하기 위하여 만들어진 것으로 국제노동기구의 국제표준직업분류에 기초하여 한국형으로 만들어진 분류 체계로 통계청에 의하여 만들어진 분류체계다.

2012년에 나타난 한국직업사전은 한국고용직업분류 체계를 적용하여 24가지의 대분류 직업수(01 : 관리직에서 24 : 군인까지)로 직업을 분류하였다. 따라서 2012년 이후부터 직업분류의 체계가 한국고용직업분류 체계로 근본적으로 바뀌었다. 한국직업사전(2012)에 나타난 교육장이라는 직업이 소개된 양식을 [그림 6-1]에 제시하였다. 이러한 양식이 담고 있는 구체적인 내용을 직업사전 활용방법을 통해서 살펴보기로 한다.

0111 교육장

직무개요

시 · 도교육청 소속 지역교육청의 소속 각급 학교(유치원, 초등학교, 중학교 등)의 교육 및 학습활동에 관한 사무를 관장한다.

수행직무

관할 교육청에 배정된 교육비특별회계의 범위 내에서 예산을 관리 · 집행하고 일반사무를 처리한다. 관할 교육청의 기본재산과 공공시설 등을 관리한다. 소속직원을 지휘 · 감독한다. 교직원의 복무, 승진, 징계, 임면 등의 인사문제를 관리한다. 각급 학교의 설치, 이전, 폐지, 교육내용, 검정교과서, 통학구역, 환경정화, 사회 및 기타교육, 학예의 진흥, 학교 및 일반체육, 교육 · 학예시설 및 교구 등에 관한 사항을 관장하고 처리한다. 대외적으로 지역사회 및 공공단체의 협조를 얻을 수 있도록 노력하며 소속 각급 학교의 운영계획과 방침을 지도 · 감독한다.

부가직업정보

㉠ 정규교육 : 16년 초과(대학원 이상)
㉡ 숙련기간 : 2년 초과 ~ 4년 이하
㉢ 직무기능 : 자료(분석) / 사람(협의) / 사물(관련 없음)
㉣ 작업강도 : 아주 가벼운 작업
㉤ 육체활동 :
㉥ 작업 장소 : 실내
㉦ 작업환경 :
㉧ 유사명칭 :
㉨ 관련 직업 :
㉩ 자격/면허 : 초등학교정교사, 중등학교정교사
㉪ 표준산업분류 : 842 사회 및 산업정책 행정
㉫ 표준직업분류 : 1110 의회의원 · 고위공무원 및 공공단체임원
㉬ 조사연도 : 2004년

[그림 6-1] 한국직업사전의 교육장 소개

출처 : 고용노동부 · 한국고용정보원(2012). 한국직업사전. p3

2) 직업사전 활용방법

(1) 직업사전 활용법

한국직업사전에 수록된 직업정보들은 크게 직업코드, 본직업명, 직무개요, 수행직무, 부가 직업정보의 5가지의 항목으로 구성되어 있다.

① **직업코드** : 직업코드는 4자리로 한다. 첫 번째와 두 번째 숫자는 한국고용직업분류의 24개 중분류를 나타내며, 세 번째 숫자는 소분류, 네 번째 숫자는 세분류를 나타낸다. 세분류 내 직업들은 가나다순으로 배열된다. 교육장의 직업코드는 0111이다.

② **본직업명** : 직업명칭은 해당 작업자의 의견뿐만 아니라 상위책임자 및 인사

담당자의 의견을 수렴하여 결정하였다. 가급적이면 외래어를 피하고 우리말로 표기하는 것을 원칙으로 하였다. 본직업명은 교육장이다.

③ **직무개요** : 주로 직무담당자의 활동, 활동의 대상 및 목적, 직무담당자가 사용하는 기계, 설비 및 직업보조물, 사용된 자재, 만들어진 생산품 또는 제공된 용역, 수반되는 일반적, 전문적 지식 등을 간략히 포함한다.

④ **수행직무** : 직무담당자가 직무의 목적을 완수하기 위하여 수행하는 구체적인 작업(task) 내용을 작업순서에 따라 서술한 것이다. 단, 공정의 순서를 파악하기 어려운 경우에는 작업의 중요도 또는 작업빈도가 높은 순으로 기술하였다.

⑤ **부가 직업정보**

(가) **정규교육** : 해당 직업의 직무를 수행하는데 필요한 일반적인 정규교육 수준을 의미하는 것으로 해당 직업 종사자의 평균 학력을 나타낸 것은 아니다. 6단계의 수준으로 구분하였다.

(나) **숙련기간** : 정규교육 과정을 이수한 후 해당 작업의 직무를 평균적인 수준으로 스스로 수행하기 위하여 필요한 각종 교육, 훈련, 숙련기간을 의미한다. 9단계의 수준으로 구분하였다.

(다) **직무기능** : 해당 작업 종사자가 직무를 수행하는 과정에서 자료(data), 사람(people), 사물(thing)과 맺는 관련된 특성을 나타낸다. 관련된 특성의 난이도에 따라 9개의 수준으로 구분하였다.

(라) **작업강도** : 작업강도는 해당 직업의 직무를 수행하는데 필요한 육체적 힘의 강도를 나타낸 것으로 5단계로 분류하였다. 그러나 작업강도는 심리적 · 정신적 노동강도가 고려된 것은 아니다.

(마) **육체활동** : 육체활동은 해당 직업의 직무를 수행하기 위해 필요한 신체적 능력을 나타낸 것으로 균형감각, 웅크림, 손, 언어력, 청각, 시각 등이 요구되는 직업인지를 보여준다.

(바) **직업장소** : 직업장소는 해당직업의 직무가 주로 수행되는 장소를 나타내는 것으로 실내 또는 실외의 근무시간 비율에 따라 구분한다.

(사) **작업환경** : 작업환경은 해당직업의 직무를 수행하는 작업자에게 직접적으로 물리적 · 신체적 영향을 미치는 작업장의 환경요인을 나타낸 것이다.

(아) **유사명칭** : 유사명칭은 현장에서 본직업명을 명칭만 다르게 부르는 것으로 본직업명과 사실상 동일하다.

(자) **관련 직업** : 관련 직업은 본직업명과 기본적인 직무에 있어서 공통점이 있으나 직무의 범위, 대상 등에 따라 나누어지는 직업이다.

(차) **자격/면허** : 해당직업에 취업 시 소지할 경우 유리한 자격증 또는 면허를 나타내는 것으로 현행 국가기술자격법 및 개별법령에 의해 정부주관으로 운영하고 있는 국가자격 및 면허를 말한다. 민간자격증은 제외한다.

(카) **표준산업분류** : 표준산업분류는 생산단위(사업체 단위, 기업체 단위)가 주로 수행하는 산업활동을 그 유사성에 따라 체계적으로 유형화(분류)한 것으로 통계청에 의해서 시도되었으며, 한국표준산업분류(제9차 개정)의 소분류(3-digits)산업을 기준으로 하였다.

(타) **표준직업분류** : 표준직업분류는 행정자료 및 인구총조사 등 고용 관련 통계조사를 통하여 얻어진 직업정보를 분류하고 집계하기 위한 것으로 직업 관련 통계를 작성하는 모든 기관이 통일적으로 사용하도록 하여 통계자료의 일관성과 비교성을 확보하기 위한 것이다. 이 분류방법은 4가지 종류의 직능체계를 적용하고 있다. 또한 한국고용직업분류(KECO) 세분류 코드(4-digits)를 사용하였다. 교육장의 표준직업분류는 1110이다.

(파) **조사연도** : 조사연도는 해당 직업의 직무조사가 실시된 연도를 나타낸다.

4 진로교육 실태

오랫동안 농어촌 지역의 초등학생들이 도시지역의 학생들 보다 상대적으로 진로에 대한 정보가 부족하다는 평가를 받고 있다. 이런 이유로 본 저서에서는 경남지역의 6학년을 대상으로 실시된 진로인식 및 진로교육 실태에 대한 조사 결과를 바탕으로 초등학교 교사, 학부모, 학생본인 그리고 교육당국이 무엇을 해야 할 것인지를 알아보기 위한 참고 자료를 제공하고자 한다(원금옥, 2010).

연구대상 학생은 300명이었으며, 학생의 거주지는 시 · 읍면 단위로 각각 절반씩 해당하였다. 이들을 대상으로 실시된 설문 영역은 다음의 진로인식의 4가지 영역과 진로교육 실태의 6가지 영역이었다.

〈진로인식의 4가지 영역〉

① 진로에 대하여 관심을 보이는 정도로 정의되는 자아인식

② 진로에 대하여 막연하게 가지고 있는 일반적 인식

③ 일의 세계에 대한 인식

④ 일의 가치관에 대한 인식

〈진로교육 실태의 6가지 영역〉

① 초등학교 진로교육의 필요성

② 진로정보 취득 방법

③ 진로교육 시작 시점

④ 진로교육에 적합한 방법

⑤ 학교에서의 진로교육 강화방법

⑥ 자신의 진로발달에 도움이 되는 사람

이러한 내용을 바탕으로 〈표 6-2〉를 통하여 초등학생들의 진로인식과 진로교육 태도를 알아보기로 한다.

〈표 6-2〉 6학년생의 진로인식 및 진로교육 실태 조사(N=300)

변인	구분	빈도(비율%)	진로인식				진로교육 실태					
			①	②	③	④	①	②	③	④	⑤	⑥
성별	남자	149(49.7)		○					○	○	○	
	여자	151(50.3)										
거주지	시지역	146(48.7)								○		
	읍면지역	154(51.3)										
학업성적	상	67(22.3)										
	중	199(66.4)	○	○	○		○			○		
	하	34(11.3)										
생활수준	풍요	59(19.7)										
	보통	233(77.6)	○		○						○	
	빈곤	8(2.7)										
부모학력	고졸	106(35.3)										
	대졸	163(54.4)					○	○	○			
	대학원졸	31(10.3)										

출처 : 원금옥(2010). 초등학생의 진로인식 및 진로교육 실태에 관한 연구. P13-34.

1) 진로인식

초등학생의 진로인식에 대한 4가지 영역 가운데 일의 가치관에 대한 인식(④)에서는 5가지 변인(성별, 거주지, 학업성적, 생활수준, 부모학력)간에 차이가 나타나지 않았다. 그러나 자아인식(①)에서는 학업성적이 상위권인 학생과 생활수준이 풍요로운 학생, 일반적인 인식(②)에서는 여학생과 학업성적이 상위권인 학생, 일의 세계에 대한 인식(③)에서는 학업성적이 상위권인 학생과 생활수준이 풍요로운 학생에서 높게 나타나 진로인식 과정에서 학업성적과 가정환경 요인이 매우 큰 영향을 미치고 있는 것으로 조사되었다.

2) 진로교육 실태

초등학생의 진로교육 실태에 대한 6가지 영역 가운데 자신의 진로발달에 도움이 되는 사람(⑥)을 제외한 나머지 5가지에 해당하는 초등학교 진로교육의 필요성(①), 진로정보 취득 방법(②), 진로교육 시작 시점(③), 진로교육에 적합한 방법(④), 학교에서의 진로교육 강화방법(⑤)에서 의미 있는 차이가 나타났다.

초등학교 진로지도의 필요성(①)에서는 학업성적이 상위권인 학생과 부모의 학력이 고학력인 학생에서 인식정도가 높게 나타나 학교 교육 현장에서 효과적으로 진로교육 및 상담이 이루어지기 위해서는 학업성적이나 학부모 학력도 중요한 요인으로 간주하고 접근해야 할 것으로 판단된다. 진로정보 취득 방법(②)에서는 부모의 학력 수준이 높은 학생일수록 부모와 친구 또는 선배에게 의존하는 경향성이 높게 나타났다. 이들은 대체로 TV, 책, 신문, 인터넷 등을 통하여 정보를 획득하는 것으로 나타났다. 진로교육 시작 시점(③)에서는 대부분 초등학교 시기부터라고 생각하고 있었으며 여학생이 남학생보다 인식정도가 높게 나타났다. 또한 부모의 학력이 고학력인 학생들은 유치원부터 진로교육이 시작되어야 한다고 생각하고 있었다. 진로교육에 적합한 방법(④)에 대하여 성별에 따라 남학생은 교과시간 활용, 여학생은 상담활동, 거주지에 따라 읍면지역의 학생들은 교과시간 활용과 상담활동, 시 지역의 학생들은 훈화활동, 학업성적에 따라 상위권인 학생들은 교과시간 활용, 중위권 이하 학생들은 상담활동을 선호하는 것으로 나타나 반응이 다양하였다. 학교에서의 진로교육 강화방법(⑤)에서 성별과 생활수준에 따라 뚜렷한 차이를 보였다. 이 영역에서 전체적으로 진로교육 시간 확보가 가장 중요한 요인으로 나타나 학생들이 진로교육 시간 자체가 부족하고 만족스럽지 않다는 것을 시사하므로 충분한 진로교육의 시간을 확보하는 것이 중요하였다. 마지막으로 자신의 진로발달에 도움이 되는 사람(⑥)에서 대체적으로 자신의 진로교육에 도움을 줄 수 있는 사람은 부모, 선생님 순으로 인식하고 있었다. 그러나 학업성적이 중위권이거나 상위권 학생들 및 생활수준이 풍요롭거나 보통에 해당되는 학생들은 진로교육에 도움을 줄 수 있는 사람으로 부모를 생각하였다. 그러나 빈곤한 학생들은 부모(12.5%)보다 선생님(75.0%)으로 생각하고 있었다. 이렇게 볼 때, 빈곤한 가정에서는 부모의 역할이 어려우므로 더욱더 선생님의 지도, 조언 등 교육의 중요성이 요구되는 특징을 보여주었다.

5 진로교육 연구

초등학교에서 진로교육이 강조된 이후에 나타나는 현장 교사들의 진로연구에 대한 방향을 알아보기 위하여 2006년 이후 전국의 교육대학교 교육대학원 석사 논문을 〈표 6-3〉과 같이 제시하였다.

〈표 6-3〉 2006년 이후 각 교대 진로석사 학위 논문

번호	논문제목	연도	저자명	연구대학교
1	외국사례 분석에 근거한 진로교육 체제의 개선방향 탐색	2012	이정민	대구교육대학교
2	초등학교 도덕과 교육에서의 진로교육 방향에 관한 연구	2012	정동준	부산교육대학교
3	초등학생의 진로인식 향상을 위한 교과연계 진로교육 프로그램 개발	2011	이현주	서울교육대학교
4	생명과학(동물식물)의 진로교육 프로그램이 초등학생 진로성숙에 미치는 영향	2011	이계숙	서울교육대학교
5	다중지능이론에 기초한 진로교육 프로그램이 초등학생의 진로인식 및 진로자기효능감에 미치는 영향	2011	서지연	서울교육대학교
6	초등교육과정에서 진로교육의 위상	2011	김진영	서울교육대학교
7	사회과와 연계한 진로교육 프로그램이 진로발달에 미치는 효과	2011	김옥경	서울교육대학교
8	초등학생의 진로인식 및 진로교육 실태에 관한 연구	2010	원금옥	진주교육대학교
9	초등학생의 진로인식 및 진로 자기효능 감 향상을 위한 자기주도적 진로교육 프로그램 개발 및 효과성 검증	2010	강지유	서울교육대학교
10	교과 관련 진로교육 프로그램이 초등학생의 진로성숙도와 자아존중감에 미치는 영향	2009	임미옥	진주교육대학교
11	초등 실과 진로교육 프로그램 개발 및 적용이 진로인식에 미치는 효과	2009	조선자	대구교육대학교
13	직업카드를 활용한 진로교육이 초등학생의 직업세계 이해능력 및 진로태도에 미치는 효과	2009	권정애	대구교육대학교

14	PBL 기반 진로교육 프로그램의 개발 및 효과검증	2008	이혜숙	서울교육대학교
15	진로교육 프로그램이 초등학생의 진로성숙과 성취동기에 미치는 효과	2008	윤선옥	부산교육대학교
16	교과교육과 연계한 진로교육 프로그램이 아동의 진로성숙에 미치는 효과	2008	백경숙	부산교육대학교
17	고등학생에 대한 진로교육의 효과	2008	김미경	한국교원대학교
18	직업탐색중심 진로교육프로그램이 초등학생의 진로발달 및 성취동기향상에 미치는 효과	2008	김희경	공주교육대학교
19	교과통합형 진로교육 프로그램이 초등학생의 진로발달에 미치는 효과	2008	이상선	공주교육대학교
20	초등학교 진로교육을 위한 직업사전 개발과 적용에 관한 연구	2008	이은정	광주교육대학교
21	초등학교 실과교육을 통한 진로교육의 실태 분석	2008	유혜경	전주교육대학교
22	초등 사회과 교육과정에 반영된 진로교육 내용의 비교 분석 : 6·7차 교육과정 중심으로	2008	김금숙	부산교육대학교
23	제주지역 초등학교 진로교육의 운영실태와 교사인식에 관한 연구	2007	고은영	제주교육대학교
24	학급 동아리활동을 통한 초등학교 진로교육 프로그램 개발	2007	권준호	진주교육대학교
25	다중지능 이론에 기초한 초등 진로교육 프로그램의 효과	2007	손중진	서울교육대학교
26	가정과 연계한 진로교육 프로그램이 초등학생의 진로성숙에 미치는 효과	2007	최은희	부산교육대학교
27	사회과 교과서의 진로교육 내용분석 : 일반사회 영역 선택과목을 중심으로	2007	이지수	한국교원대학교
28	직업탐색중심 진로교육 프로그램이 초등학생의 자아존중감 및 진로성숙도에 미치는 효과	2007	김규진	공주교육대학교
29	양성평등 진로교육 프로그램이 초등학생의 진로의식과 남녀평등의식 성숙에 미치는 효과 : 어촌지역을 중심으로	2006	구승현	진주교육대학교
30	아동의 진로의식 향상을 위한 역할놀이 진로교육 프로그램 개발 연구	2006	이종화	서울교육대학교

〈표 6-3〉에서 보듯이, 2009 교육과정개정 이후의 논문이 많지 않지만 2009년 이전과 이후의 진로연구 방향에 대한 탐색 및 비교가 필요하다.

진로관련용어

▸ **여가(leisure)**

여가란 자신의 흥미를 추구하고 능력을 자유롭게 발휘하며 직장의 요구로부터 벗어난 자유로운 시간을 의미한다. 여가는 자기결정에 의한 활동과 경험으로서 신체적인 것일 수도 있고, 사회적인 것이나 지적인 것일 수도 있으며, 자발적이거나 창조적인 것일 수도 있다. 또는 이러한 5가지 요소들 중 몇 개가 결합된 것일 수도 있다.

▸ **일(work)**

일은 자신에게 의미가 있고 타인도 원하는 하나의 목표에 대해 체계적으로 추구하는 것을 의미한다. 일은 일정한 방향성이 있고 연속적이며 어느 정도의 노력을 필요로 한다. 또한 일은 금전적인 보상을 받을 수도 있고 자원봉사나 취미활동과 같이 금전적인 보상을 받지 않을 수도 있는 것으로 가장 일반적이고 넓은 의미를 가지고 있다. 일의 목적은 일 그 자체의 본질적인 즐거움일 수도 있고 일의 역할에 따라 주어진 삶의 구조일 수도 있다. 또한 일이 더 잘 되도록 촉매작용을 하는 여가의 한 유형도 곧 일이 될 수 있다.

▸ **직무(job)**

직무는 임금을 받는 것을 전제로 하며, 하나의 조직체 내에서 유사한 속성을 요구하는 일련의 유급직을 의미한다. 즉 직무는 어떤 조직체 내에서 개인이 담당하고 있는 일의 내용이나 위치를 의미한다.

▸ **직업(occupation)**

직업은 생계유지나 생활유지를 위한 것으로 개인에게 어느 정도의 시간 · 관심 · 정력을 요구한다. 직업은 다른 산업체에서도 발견되는 유사 직종들의 집단을 의미한다. 거기에 종사하는 사람이 아무도 없을 경우에도 직업은 경제적 의미와 역사적 의미로서 존재한다. 직업 자체는 실제적으로 거기에 종사하는 개인이 없어도 독립적으로 존재할 수 있지만, 진로는 개인이 그것을 추구할 때에만 존재한다.

▸ **직업교육(vocational education)**

직업교육이란 어떤 직업에 취업하기 위하여 준비하거나 현재의 직무를 유지하고 개선하기 위한 형식 또는 비형식 교육이다. 직업교육은 직업학교, 기술중등학교, 현장교육 프로그램 등을 통하여 공식적으로 이루어지거나 실제적인 지도 없이 현장에서 필요한 기술을 습득하는 비공식적인 방법을 통해서도 이루어진다. 19세기까지 직업교육은 전문직 교육을 제외하고는 도제제도에 의해서만 이루어졌다. 그러나 19세기 동안에 산업화가 진행됨에 따라 여러 유럽 국가들, 특히 독일에서는 초등학교와 중등학교에 직업교육이 시작되었다.

▸ 직위(position)

직위는 어떤 사람이 급료를 받고 수행하는 일련의 업무를 의미한다. 직위는 어떤 사람이 그 직위에 있거나 공석으로 있더라도 존재한다. 따라서 직위는 사람중심이 아니라 업무 중심이다.

▸ 진로(career)

진로에 대한 개념들은 매우 다양하다. 일반적으로 진로는 개인의 생애에 걸친 직업의 발달과 그 내용을 가리키는 포괄적인 용어로, 개인이 종사하는 직업의 계열을 의미한다. 또한 Super는 일생을 구성하는 사건들의 과정으로 진로를 정의한다. 개인의 진로는 각자 독특하고 역동적이며 일생을 통해 전개되어 나간다고 하였다. 즉, 진로란 각 개인마다 독특하며 개인이 어떤 것을 선택하고 어떤 것을 선택하지 않는가에 따라 이루어진다. 진로는 직업뿐 아니라, 직업을 구하기 이전과 그 이후의 여러 관심사들도 모두 포함한다.

▸ 진로격자(career lattice)

진로격자는 회사의 하위부서 내 혹은 회사 전체에서의 상향 이동(승진)이나 수평이동(부서이동)을 의미한다. 하나의 진로계단에서 다른 진로계단으로 이동하는 것을 설명할 때 흔히 사용하는 용어다.

▸ 진로계단(career ladder)

진로계단은 회사 내 하나의 업무영역이나 전체 업무영역들 간에 승진할 가능성을 설명하기 위해 사용되는 용어이다. 일반적으로 진로계단은 경험과 기술이 향상되는 것을 의미한다. 따라서 진로계단은 책임감이 증가하고 급여가 올라가며 근무 조건이 향상되는 것으로 곧 직업적 성공을 의미한다.

▸ 진로교육(career education)

진로교육이란 사람들이 자신과 직업에 대한 자식과 태도를 획득하고, 진로를 구성하는 일과 기타 다른 삶의 여러 선택조건들을 확인, 선택, 계획, 준비하는 기술을 획득하게 되는 여러 경험들의 총체를 의미한다. 진로교육을 삶의 의미 있고 생산적이고 만족스럽게 만드는데 필요한 지식 · 기술 · 태도를 획득하고 이를 유용하게 활동하도록 돕는 지역 사회의 활동과도 관련되어 있는 것으로 본다.

▸ **진로관리(career management)**

진로관리는 자신의 진로를 형성하고 이렇게 형성된 진로목표에 따른 활동을 수행하며 자신의 선택에 대한 책임을 적극적이고 의식적으로 수용하는 것을 의미한다.

▸ **진로발달(career development)**

일생을 통해 개인의 진로형성에 영향을 미치는 심리적 · 사회적 · 교육적 · 신체적 · 경제적 · 우연적 요인들의 전체적인 배열을 의미한다. 사람들이 자기정체감, 진로정체감, 계획성, 진로성숙과 같은 특징들을 개발하고 향상시키는 과정이 곧 진로발달이다. 일의 가치, 직업선택, 진로유형의 형성, 의사결정유형, 역할통합, 자기정체감 및 진로정체감, 문해력 등을 획득하도록 하는 일생에 걸친 행동과정과 그 영향을 의미한다. 따라서 진로발달은 중재가 아니라 중재의 목표라고 할 수 있다.

▸ **진로성숙(career maturity)**

진로성숙은 자기 또래의 동료집단이 공유하고 있는 평균적인 수준의 진로목표들을 확인 · 선택 · 계획 · 실행하는데 적합한 행동목록을 가지고 있음을 의미한다. 즉 자신의 나이게 맞게 평균 수준의 진로발달을 한 상태인가를 나타낸다. 진로성숙은 직업을 탐색하고 준비하여 입사 – 근무 – 퇴직하는 발달적 과업들을 잘 수행하기 위한 태도적, 인지적 준비성을 나타낸다.

▸ **진로인식(career awareness)**

진로인식은 개인이 진로선택을 하는 과정에서 자신이 가지고 있는 지식, 가치, 선호성, 자아개념을 인식하는 것을 의미한다.

▸ **진로중재(career intervention)**

진로중재란 개인의 진로발달을 증진시키기 위해 또는 진로결정을 더욱 효과적으로 하기 위해 고안된 활동을 의미한다. 진로중재는 기법, 전략, 프로그램으로 구성된다. 기법은 하나의 목적을 달성하거나 특정한 직업적 행동을 교정하기 위해 설계된 진로중재 원리를 적용하는 것을 의미하고, 전략은 개인, 집단, 조직체의 직업적 행동을 교정하기 위한 일련의 기법, 행동계획, 기본 생각을 뜻한다. 그리고 프로그램은 학교와 같은 특정한 장면에서 집단의 직업적 행동을 체계적으로 교정하기 위해 고안된 기법이나 전략을 조직화한 형태를 말한다.

▸ **진로지도(career guidance)**

진로지도는 진로발달과 진로관리를 촉진시키기 위해 고안된 여러 가지 경험과 상담자가 조직한 정보로 구성된 체계적인 프로그램이다. 진로지도는 전문화된 진로서비스로서 직업문제뿐 아니라 결혼, 여가 등 광범위한 문제를 지도의 대상으로 한다. 또한 진로지도는 자기지도를 촉진시키기 위해 가족 · 사회 · 학교를 통합하는 진로교육의 중요한 한 요소이기도 하다.

▸ **진로통로(career path)**

진로통로는 일반적으로 승진의 가능성을 의미하며, 직업분야나 전문분야에 있어서 승질할 수 있는 일련의 직위를 나타내기 위해 전형적으로 사용되는 용어이다. 그러나 Holland의 직업적 성격 유형론에서는 각 유형이 택할 수 있는 직업들의 나열들이 된다.

▸ **취미 · 부업(avocation)**

취미는 우연히 금전적인 이익을 가져올 수는 있지만, 궁극적으로 금전적인 이익보다는 다른 목표를 위해 체계적이고 지속적으로 추구되는 활동을 의미한다.

◉ 진로의 용어 정의는 학술적 용어 정의와 현장의 직업세계를 반영한 용어 정의로 크게 구분할 수 있다. 우리나라의 직업사전(2012)은 현장을 반영하여 만들어졌다. 직업사전에 의한 직업 관련 용어를 아래의 그림과 같이 나타내고 설명해 보기로 한다.

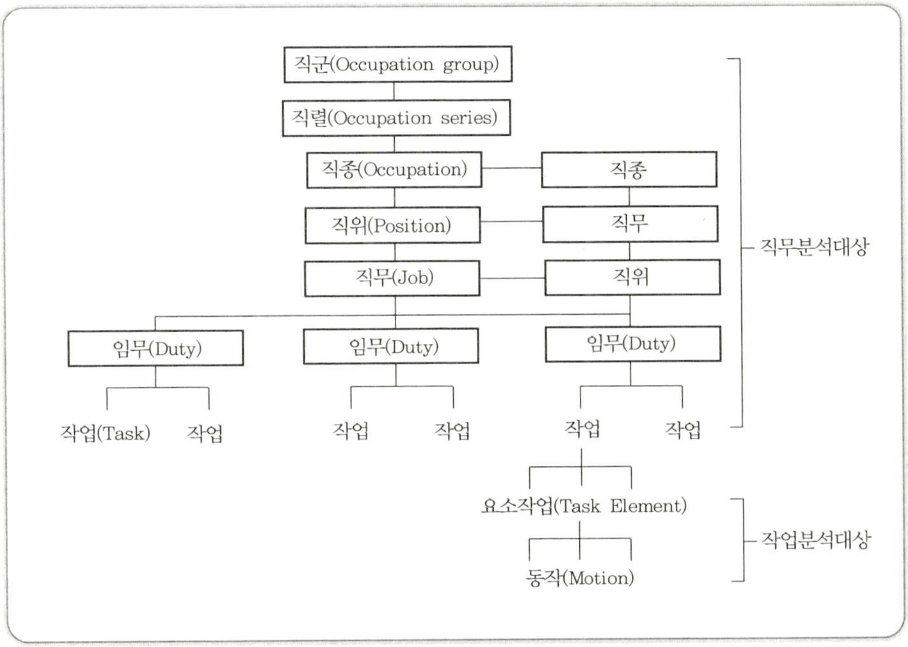

▸ **과업(task)**

과업이란 유관한 여러 개의 요소작업이 하나의 과업(task)을 형성하며, 직무(job)를 구성하는 하위요소이다. 과업은 직무를 단계별로 작은 부분으로 나눈 것으로 이것은 완전한 과업단위로 나타나며 자체로 독립될 수 있으며 측정 가능한 행동을 말한다. 과업에는 작업자에 의해 수행되는 정신적 · 육체적 활동이 포함되며 일 또는 과업 등으로 표현되기도 한다.

▸ **과업요소(task mlement)**

과업요소란 유관한 여러 개의 동작이 하나의 과업요소(task element)를 형성하며, 이는 과업(task)을 구성하는 하위요소이다. 이 과업요소 하나로는 유용한 결과를 얻을 수 없지만, 몇 개의 과업요소가 합해지면 유용한 결과를 얻을 수 있다.

▸ **동작(motion)**

동작이란 과업요소(task element)를 구성하는 작업자의 기본 행위를 말한다. 신체의 일부를 움직이거나 이동하는 등의 작업과 관련된 모든 행위가 포함된다.

▸ **직군(job group)**

직군이란 이론적인 기준으로 설정한 유사한 성격을 지닌 일정 직무의 군으로서 이는 직무의 내용인 과업(작업, task)의 유사성이 높은 기능, 지식, 능력을 필요로 하는 공통 또는 상호 관련된 직무의 무리이다.

▸ **직렬(occupational series)**

직렬이란 직무의 종류가 유사하고 그 책임과 곤란성이 정도가 상이한 직급의 군을 말한다(국가공무원법 제5조 제8호). 업무분야가 같은 여러 개의 직종의 무리를 말한다.

▸ **직무(job)**

직무란 다른 직무와 구별되는 주요한 일 또는 특징적인 일의 수행 측면에서 볼 때 동일하다고 인정되는 직위의 일군으로, 작업자가 수행하는 임무(duty)와 과업(task)이 그의 직무를 이룬다. 만일 여러 사람이 동일한 임무와 과업을 수행하고 있다면 그들은 동일한 직무를 수행하고 있는 것이다. 각각의 직무는 직무분석의 대상이 되며 독립된 직업 결정의 중요한 기준이 된다. 직무 수는 직위수와 같거나 적게 된다.

▸ 직업(occupation)

직업이란 하나의 사업장 이상에서 발견되며 한사람 이상의 작업자에 의해 수행되는 공통된 직무들의 묶음으로 정의된다. 특정한 작업은 작업목적, 작업방법, 중간재료, 최종생산물, 작업자의 행동, 작업자의 특성 등의 관점에서 볼 때 유사한 관계에 있다. 여기서 사업장의 범위는 1인이 경영하는 자영업체에서 대규모 사업체까지를 포함한다. 직업이 유사한 직무의 집합이라는 관점은 하나의 직업이 다른 직업과 구별되는 특정한 직무를 가지고 있어야 한다는 기본 원리를 제공한다. 따라서 직무분석가는 사업체에 존재하는 모든 직위들 중에서 유사한 직무를 변별해 냄으로써 직업의 수를 결정하게 된다.

▸ 직위(position)

직위란 작업자 한사람, 한사람에게 임무 · 일 · 책임이 분명히 존재하여 작업이 수행될 경우, 그 한사람, 한사람의 작업을 직위라 한다. 어떤 조직이건 작업자의 수만큼 직위가 있게 된다. 이 직위는 개개인의 사회적 또는 신분적 지위를 의미하거나 위계적인 상하의 지위를 의미하는 것이 아니라 직무상의 지위를 의미하는 것으로 직무가 조직 내의 직무체계 안에서 차지하는 지위를 가리킨다. 조직속의 개인은 무엇보다도 우선 직위로서 표현된다.

▸ 직종(occupations)

직종이란 직무의 복잡함과 책임의 비중은 다르지만, 직무내용이 유사한 직무의 집합을 직종이라고 하며, 통상적으로 직무순환은 이 범위에서 이루어진다. 즉, 직종이라 함은 직무의 종류가 유사하고 그 복잡함과 책임의 비중이 다른 직무의 계열이라고 할 수 있으며, 기업의 테두리를 넘어서 직무의 분류구분을 생각할 때에는 직무분석용어로서는 직업(occupation)이라는 분류개념이 쓰인다.

※ 직무(job), 과업(task), 과업요소(task element)등은 상대적 개념이다. 어떤 직무에서는 요소작업인 것이 다른 직무에서는 과업(task)이 될 수 있고 또 어떤 근로자에게는 하나의 직무가 될 수 있다.

※ 직군, 직렬, 직업, 직무 등은 조직 내의 관리상 편의를 위하여 만들어진 추상적인 개념이며, 직위, 작업, 요소작업, 동작 등은 실제로 존재하는 실제개념이다. 이러한 직무분석용어는 어디서나 일반적으로 사용되지만 직무분석용어의 분류는 산업, 직업, 업체에 따라 달리 분류되어 사용될 수 있다.

참고문헌

고용노동부 · 한국고용정보원(2012). **한국직업사전**. 서울 : 한국고용정보원.

김나라(2008a). **직업체험을 통한 진로교육 : 일본 Kidzania 사례**. 서울 : 한국직업능력개발원.

김나라(2008b). **해외출장보고서(일본)**. 서울 : 한국직업능력개발원.

김진영(2011). **초등교육과정에서 진로교육의 위상**. 서울교육대학교 교육대학원.

김현숙(2010). **2010 교육과정 · 교육평가 국제동향 연구사업(일본)**. 서울 : 한국교육과정평가원.

서울특별시교육청(2012). **2009개정 교육과정 적용을 위한 초등학교 진로교육 매뉴얼(I , II) 자료집**. 서울 : 서울시교육청.

오인수(2008). 초등학생 진로교육의 새로운 접근 : 가계도를 활용한 진로상담. **초등교육연구**. 21(2), 49~73.

원금옥(2010). **초등학생의 진로인식 및 진로교육 실태에 관한 연구**. 진주교육대학교 교육대학원.

이영분(1997). 가계도 활용에 관한 사례 연구. **사회과학연구**. 7(1). 건국대학교 사회정책연구소. 119-136.

이은정(2007). **초등진로교육을 위한 교과내용 기반의 직업 사전의 개발과 적용**. 한국실과교육학회.

이지연 · 정윤경 · 최동선 · 김나라(2009). **미국, 프랑스, 핀란드, 덴마크의 교과통합 진로교육**. 서울 : 한국직업능력개발원.

임언 · 정윤경 · 최동선 · 김나라(2008). **영국 · 뉴질랜드 · 캐나다 · 호주의 진로교육**. 서울: 한국직업능력개발원.

장명희 · 김선태 · 박윤희 · 최동선(2010). **2009 개정 교육과정에 따른 진로교육 교육과정 개선 방향 탐색**. 서울 : 한국직업능력개발원.

정미라 · 박은혜 · 신은수 · 권정윤(2007). **영유아기 핵심역량 표준 설정을 위한 기초 연구**. 서울 : 교육인적자원부.

진미석(2012). **초등학교 진로교육 매뉴얼**. 강의 교재.

최지희 · 강일규 · 나영선 · 김안국 · 서상민(2010). **G20국가의 직업교육훈련제도(I) ; 주요국 우수사례를 중심으로**. 서울 : 한국직업능력개발원.

한국교육과정평가원(2010a). **2010 교육과정 교육평가 국제동향 연구사업(미국)**. 서울 : 한국교육과정평가원.

한국교육과정평가원(2010b). **2010 교육과정 교육평가 국제동향 연구사업(핀란드)**. 서울 :

한국교육과정평가원.
한국교육과정평가원(2010c). 2010 교육과정 교육평가 국제동향 연구사업(뉴질랜드). 서울 : 한국교육과정평가원.
한국교육과정평가원(2010e). 핀란드 교육정책 세미나. 서울 : 한국교육과정평가원.
한국진로교육학회(2010). 진로교육의 국제적 동향 및 전망. 진로교육국제학술대회자료집.

American School Counselor Association.(2003). *The ASCA national model : A framework for school counseling programs*. Alexandria, VA : Author.
Becker, G. S.(1964). *Human capital*. New York: Columbia University Press.
Betz, N. E., & Hacknett, G.(1981). The relationship of career-related self-efficacy expectations to perceived career option in college women and men. *Journal of Counseling Psychology*, 28, 399-410.
Blau, P. M., & Duncan, O. D.(1967). *The American occupational structure*. New York: Wiley.
Brown, D., & Brooks, L.(Eds.).(1996). *Career choice and development*(3rd ed.). San Francisco : Jossey-Bass.
Gibson, D. M.(2005). The use of genogram in career counseling with elementary, middle, and high school students. *The Career Development Quarterly*, 53, 353-362.
Ginzberg, E.(1984). Career development. In D. Brown & L. Brooks(Eds.), *Career choice and development : Applying contemporary theories to practice*(pp. 169–191). San Francisco : Jossey-Bass.
Gottfredson, L. S.(1981). Circumscription and compromise : A developmental theory of occupational aspirations. *Journal of Counseling Psychology*, 28, 545–579.
Holland, J. L.(1985). *Making vocational choices : A theory of personalities and work environments*(2nd ed.). Englewood Cliffs, NJ : Prentice Hall.
Hotchkiss, L., & Borow, H.(1990). Sociological perspectives on work and career development. In D. Brown, L. Brooks, & Assoc.(Eds.), *Career choice and development*(2nd ed., pp. 262–307). San Francisco: Jossey–Bass.
Hoyt, K. B.(1972). *Career education: What it is and how to do it*. Salt Lake City: Olympus Pub. Co.
Krumboltz, J. D.(1996). A learning theory of career counselling. In M. L. Savickas & W. B. Walsh(Eds.), *Handbook of career counseling theory and practice*(pp. 55–80). Palo Alto, CA: Consulting Psychologists Press.

Malott, K. M., & Magnuson, S.(2004). Using genograms to facilitate undergraduate students' career development : A group model. *Career Development Quarterly*, 53. 178–186.

McGoldrick, M., Gerson, R., & Shellenberger, S.(2008). *Genograms : Assessment and intervention*(3rd ed.). NY : Norton and Company.

Nevill, D. D., & Super, D. E.(1986). *Manual for the Salience Inventory : Theory, application, and research*. Palo Alto, CA : Consulting Psychologists Press.

Okiishi, R. W.(1987). The genogram as a tool in career counseling. *Journal of Counseling and Development*. 66, 139-143.

Sharf, R. S.(2002). *Applying career development theory to counseling*(3th). Pacific Grove, CA. Brooks/COLE.

Super, D. E.(1990). A life–span, life–space approach to career development. In D. Brown, L. Brooks, & Assoc.(Eds.), *Career choice and development : Applying contemporary theories to practice*(2nd ed., pp. 197-261). San Francisco : Jossey–Bass.

Tiedeman, D. V., & O'Hara, R. P.(1963). *Career development : Choice and adjustment*. New York : College Entrance Examination Board.

찾아보기

저자 안이환
1959년 경남 밀양
부산교육대학교 상담교수
한국초등상담교육학회 회장

저서
사회성측정 : 이론과 실제(2007, 서현사)
 －2008 문화체육관광부선정 우수학술도서
학급진단 역동의 컴퓨터분석 시스템(2011, 서현사)
학교와 SocioNet(2013, 서현사)

초등학교와 진로교육

지은이 안이환
펴낸이 조재성
펴낸곳 서현사

초판 1쇄 인쇄 2013년 12월 15일
초판 1쇄 발행 2013년 12월 20일

등록 2002년 8월 14일 제 03-01392호
주소 경기도 고양시 일산동구 중앙로 1055번지 레이크하임 206호
전화 031-919-6643
팩스 031-912-6643

ISBN 978-89-94044-59-0 93180
값 14,000원